MW01709680

PIZZICHERIA
DE MICCOLI
95
bibite fresc
panini sandw

prosciutto

Styliste culinaire : Pouké Halpern
Collaboration à la traduction : Marie-Luce Constant
Révision et correction : Odette Lord
Infographie : Chantal Landry

Catalogage avant publication de Bibliothèque et Archives Canada

Vedette principale au titre :
Prosciutto et jambon de Parme

(Tout un plat!)
Traduction de : Prosciutto, pancetta, salame

1. Cuisine italienne. 2. Antipasti. I. Titre. II. Collection.

TX723.J6314 2006 641.5945 C2006-940250-7

Pour en savoir davantage sur nos publications,
visitez notre site : **www.edhomme.com**
Autres sites à visiter : www.edjour.com
www.edtypo.com • www.edvlb.com
www.edhexagone.com • www.edutilis.com

02-06

© 2004, Pamela Sheldon Johns et Jennifer Barry Design (textes)
© 2004, Joyce Oudkerk Pool (photos)

© 2006, Les Éditions de l'Homme,
une division du groupe Sogides,
pour la traduction française

L'ouvrage original a été publié
par Ten Speed Press,
sous le titre ***Prosciutto, pancetta, salame***

Tous droits réservés

Dépôt légal : 1er trimestre 2006
Bibliothèque nationale du Québec

ISBN 2-7619-2055-4

DISTRIBUTEURS EXCLUSIFS :

- Pour le Canada et les États-Unis :
  MESSAGERIES ADP*
  955, rue Amherst
  Montréal, Québec H2L 3K4
  Tél. : (514) 523-1182
  Télécopieur : (450) 674-6237
  * Filiale de Sogides ltée

- Pour la France et les autres pays :
  INTERFORUM
  Immeuble Paryseine, 3, Allée de la Seine
  94854 Ivry Cedex
  Tél. : 01 49 59 11 89/91
  Télécopieur : 01 49 59 11 33
  Commandes : Tél. : 02 38 32 71 00
  Télécopieur : 02 38 32 71 28

- Pour la Suisse :
  INTERFORUM SUISSE
  Case postale 69 - 1701 Fribourg - Suisse
  Tél. : (41-26) 460-80-60
  Télécopieur : (41-26) 460-80-68
  Internet : www.havas.ch
  Email : office@havas.ch
  DISTRIBUTION : OLF SA
  Z.I. 3, Corminbœuf
  Case postale 1061
  CH-1701 FRIBOURG
  Commandes : Tél. : (41-26) 467-53-33
  Télécopieur : (41-26) 467-54-66
  Email : commande@ofl.ch

- Pour la Belgique et le Luxembourg :
  INTERFORUM BENELUX
  Boulevard de l'Europe 117
  B-1301 Wavre
  Tél. : (010) 42-03-20
  Télécopieur : (010) 41-20-24
  http://www.vups.be
  Email : info@vups.be

Gouvernement du Québec – Programme de crédit d'impôt pour l'édition de livres – Gestion SODEC – www.sodec. gouv. qc. ca

L'Éditeur bénéficie du soutien de la Société de développement des entreprises culturelles du Québec pour son programme d'édition.

Nous reconnaissons l'aide financière du gouvernement du Canada par l'entremise du Programme d'aide au développement de l'industrie de l'édition (PADIÉ) pour nos activités d'édition.

tout un plat !

prosciutto

Pamela Sheldon Johns

Photos : Joyce Oudkerk Pool
Traduit de l'anglais par Odette Lord

LES ÉDITIONS DE L'HOMME

Introduction

« Signora, c'est moi, qui viens respirer l'air de l'endroit où je suis née », me lance la signora Roghi dans son plus bel italien.

La signora me rend visite tous les printemps, au moment de son anniversaire. Elle est toujours très émue et elle a des tas de souvenirs à me raconter sur son enfance à la ferme, qui est maintenant ma ferme. « Voici ma grand-mère », dit-elle en désignant une photo sur le mur. « C'est dans cette grange que nous élevions les poulets et que nous rangions quelques outils. » La grange en question est devenue ma salle à manger. À l'époque où la signora habitait ici, les animaux étaient au rez-de-chaussée. Les porcs vivaient dans ce qui est aujourd'hui ma cuisine, la vache là où est mon bureau. Il reste quelques vestiges de ce temps, par exemple un immense chaudron dans lequel on réchauffait en hiver la nourriture pour les porcs.

Jadis, il arrivait souvent que les agriculteurs élèvent un porc tous les ans. À la fin de l'automne ou au début de l'hiver, on l'abattait afin de préparer les produits qui nourriraient la famille toute l'année, non seulement pendant l'hiver, mais aussi pendant les mois d'été, durant lesquels il fallait éviter de perdre trop de nourriture à cause de la chaleur. On utilisait chaque partie de l'animal. On préparait d'abord les grosses coupes qui devaient être salées entières : cuisse, épaule, longe et flanc. Ensuite, on hachait les petits morceaux et on les mélangeait avec le gras, on les assaisonnait, puis on les mettait dans des boyaux. Le gras qui restait était salé, il servirait à assaisonner des haricots ou des soupes. Les organes internes et le sang servaient d'ingrédients aux riches saucisses qui constituaient la base de l'alimentation hivernale, avec les autres parties, y compris la tête, que l'on faisait cuire et que l'on pressait afin de préparer ce qu'en Amérique on appelle le fromage de tête. En Toscane, ce plat porte le nom de ***soppressata***. D'autres régions fabriquent des produits semblables, mais ils portent des noms différents : ***testa in cassetta*** de la Ligurie au Piémont, ***marcundela*** dans le Frioul-Vénétie-Julienne, ***bondola*** en Vénétie, ***zeraria*** en Ligurie, ***coppa di testa*** dans les Marches, ***mustardela*** au Piémont, ***soppressata***, ***biroldo*** ou ***buristo*** en Toscane.

« Je me souviens du plaisir avec lequel nous mangions le porc frais, juste après l'abattage, me confie la signora Roghi. C'était comme un jour de fête. Mais ensuite venait tout le travail de conservation du reste de la viande. »

❖ ❖ ❖

Le terme ***salumi*** est générique. Il englobe toute la gamme des viandes salées, des saucisses aux grosses pièces comme les prosciuttos. Les ***salumi*** sont nés de la nécessité de conserver les viandes à une époque où la réfrigération n'existait pas. En Italie, c'est principalement du porc que l'on utilise, même si certains produits contiennent aussi du bœuf, de la chèvre, du cheval (encore très populaire sous forme de ***bresaola*** et de ***salame*** dans le Nord de l'Italie), du sanglier, du cerf, du mouton, de l'oie ou de l'âne. Dans un pays unifié depuis seulement un peu plus d'un siècle, la gamme des techniques de fabrication et des noms de ***salumi*** peut paraître étourdissante. Certains sont faits dans une minuscule vallée, par seulement quelques producteurs, tandis que d'autres sont en vente dans tout le pays. Quelques-uns, même s'ils sont identiques, portent des noms différents dans des régions différentes. D'autres, au contraire, portent le même nom, même si on utilise des techniques complètement différentes pour les fabriquer. Le large éventail des viandes salées en Italie provient de la diversité des conditions climatiques, géographiques, économiques et régionales. Bien avant l'arrivée de la réfrigération, chaque région avait mis au point ses techniques de salage, qui ont cours encore aujourd'hui pour des raisons de goût. Il est évident que le climat a joué un rôle crucial. Par exemple, dans le nord, qui est plus froid et plus humide, on sale de grosses pièces entières, comme les cuisses de porc (prosciutto). Dans le sud, en revanche, il fait trop chaud pour saler des pièces de cette taille sans que la viande s'abîme.

Le nord et le sud se différencient également par l'utilisation des épices. Traditionnellement, le sud utilise davantage de peperoncino (piment rouge très fort), tandis que le nord préfère les produits plus doux. Ici aussi, le climat est responsable de ces différences. Il est possible que l'assaisonnement très piquant ait servi à dissimuler les saveurs désagréables qui apparaissent sous des climats chauds. De plus, l'utilisation des différentes épices a certainement été influencée par le commerce des épices qui se faisait et la prospérité relative du nord.

L'évolution de la culture a également eu des répercussions sur le succès et le déclin de certains produits. Prenons par exemple un ***salame*** piémontais appelé ***bale d'aso***. En dialecte local, cela se traduit par «testicules d'âne». Ce saucisson a peut-être déjà été fabriqué avec ces organes, mais de nos jours, le nom reflète plutôt la forme du produit. L'utilisation de la chair d'âne remonte à l'époque où une grande part du commerce terrestre était effectuée par des caravanes à dos d'âne. Aujourd'hui, les camions ont remplacé les ânes, la viande d'âne n'est donc plus aussi abondante et le ***salame*** contient 60% de porc et 20% de bœuf. Enfin, les moyens de transport modernes ont permis aux produits traditionnels de se répandre à l'extérieur de leur région d'origine et d'être vendus dans des supermarchés plus éloignés.

Il existe deux principales catégories de ***salumi***: les pièces salées entières et les ***incassati***, des morceaux hachés dont on a rempli des boyaux. Le boucher commence par découper et préparer les morceaux de premier choix. Dans le cas du porc, on met généralement de côté les pattes postérieures pour en faire du prosciutto, ce célèbre jambon cru salé. L'épaule et la longe sont salées de la même manière et portent les noms de ***spalla*** et de ***lombo***. La pancetta, ingrédient secret de plusieurs recettes italiennes, est fabriquée avec de la graisse provenant du flanc (le flanc – en réalité, la panse – se dit ***pancia*** en italien). On peut comparer la pancetta au bacon, même si elle n'est généralement pas fumée. Chaque région produit une forme de prosciutto, de ***spalla***, de ***lombo*** et de pancetta. Même si les procédés de fabrication sont comparables, on note une grande différence entre les saveurs, du prosciutto doux de Parme ou de San Daniele, dans le Frioul-Vénétie-Julienne, au prosciutto toscan très salé, en passant par le prosciutto désossé au goût fumé du Trentin-Haut-Adige.

Les ***incassati*** sont les parties qui n'ont pas été salées entières. Elles sont hachées, assaisonnées et mises dans des boyaux. La saucisse fraîche est faite avec du porc haché auquel on a ajouté de petits morceaux de gras parfois assaisonnés d'ail, de sel et d'épices, avant de remplir les boyaux. Une fois vieillies, ces saucisses deviennent du ***salame*** (ou salami, comme on l'appelle à l'étranger). Le ***salame*** italien mesure entre 7,5 et 10 cm (3 et 4 po) de diamètre et peut varier en longueur. Les types de viande, les assaisonnements, la longueur et la forme changent en fonction des régions. Le diamètre est déterminé par celui du boyau. Les boyaux d'agneau, par exemple, sont beaucoup plus petits que les boyaux de vache.

La qualité et le goût proviennent de ces principaux facteurs : l'élevage, la nutrition, la santé et le bien-être des animaux, ainsi que la manière dont ils sont abattus et découpés. Il y a 40 ou 50 ans, on a décidé de remplacer peu à peu les races traditionnelles par des races dont la croissance était plus rapide, la chair plus maigre et le taux de fertilité plus élevé. Ces porcs possédaient également d'autres qualités qui allaient encourager leur commercialisation. Néanmoins, les consommateurs ont

remarqué que le goût et la qualité avaient diminué et ils ont commencé à réclamer le retour des races traditionnelles. Dans beaucoup de régions, cela est devenu une priorité, et ce fut un grand succès.

On s'intéresse aujourd'hui davantage à la manière dont les animaux sont élevés. Dans certains cas, on a ajouté à leur alimentation le type de produits qu'ils auraient mangé autrefois, comme des glands ou des châtaignes. On fait en sorte que les animaux ne vivent pas dans un milieu stressant, qu'ils disposent d'assez d'espace et qu'ils soient transportés dans des véhicules bien ventilés et à une température raisonnable. Nous commençons à découvrir qu'un élevage dans de bonnes conditions se répercutera forcément sur le bon goût des viandes et encouragera les humains à manger santé, aidera les animaux à résister aux maladies et facilitera leur reproduction. Ceux qui obtiennent les meilleurs résultats sont les éleveurs qui tiennent compte de tous ces facteurs, qui se méfient d'une trop grande croissance quotidienne et qui n'emploient pas d'hormones de croissance.

LE SALAGE

Le salage est un procédé complexe qui transforme la viande fraîche en un produit qu'il est possible d'entreposer pendant un certain temps. C'est un art ancien, qui s'est développé au cours des siècles. On en trouve déjà des témoignages en Égypte ancienne et en Chine. Les Germains, les Celtes et les Romains ont repris et perfectionné les méthodes. Les viandes salées constituaient des protéines sous une forme facile à transporter sur les bateaux, ainsi que pour les nomades et les bergers qui se déplaçaient continuellement avec leurs troupeaux.

En Italie, les techniques de salage se transmettaient de génération en génération. Les trois principales méthodes sont le salage ou le saumurage, le séchage à l'air et le fumage. La cuisson est aussi un moyen de conservation des viandes, mais elle est moins courante. Parfois, on utilise deux à trois de ces méthodes en même temps. Chaque région d'Italie possède sa méthode traditionnelle de préparation des viandes, en fonction du type de matière première et du climat.

LE SEL ET LES ADDITIFS

Une viande qui vieillit sans être traitée acquiert une teinte grisâtre, peu attrayante. De nos jours, tout comme autrefois, on ajoute du sel sec ou une solution de saumure à la viande pour éviter la décoloration. D'après Harold McGee, auteur de ***On Food and Cooking***, les scientifiques ont découvert que, par le passé, une impureté du sel, un nitrate, en réagissant aux bactéries contenues dans la chair à saucisse, se transformait en nitrite. Puis, par une autre réaction, il permettait de conserver à la viande sa teinte rosée. Le nitrite de sodium est un sel simple ($NaNO_2$), aujourd'hui utilisé dans l'industrie pour obtenir le même résultat. On l'apprécie parce qu'il permet non seulement de préserver la couleur de la viande, mais aussi de retarder le rancissement de la graisse et d'empêcher la prolifération des bactéries, notamment celles qui sont responsables du botulisme. On ajoute parfois de l'acide ascorbique pour accélérer le processus de salage et rehausser goût et couleur.

Il arrive également que l'on ajoute au salami du lait en poudre, car il fait en sorte que les différents éléments s'incorporent, il absorbe l'humidité superflue et conserve au mélange tout son moelleux. À l'époque où la réfrigération n'existait pas, le sel, les nitrites et l'acide ascorbique étaient indispensables. Mais l'arrivée des réfrigérateurs et des congélateurs a permis de diminuer une grande quantité de nitrites et de nitrates utilisées comme agents de conservation.

LE SÉCHAGE ET LE VIEILLISSEMENT

Quand la viande est salée, il faut la sécher à température relativement élevée. Ainsi, l'humidité libérée par le sel finit par s'évaporer. Cela permet de poursuivre le processus de séchage à la température ambiante. La durée du vieillissement dépend du climat et des dimensions du produit.

L'apparition de la moisissure est une conséquence importante du vieillissement. Au fur et à mesure que la moisissure apparaît à la surface de la viande, elle contrôle l'humidité, ce qui permet au produit de sécher lentement et uniformément. Pendant les 3 ou 4 premiers jours, une moisissure blanche apparaît à proximité des parties maigres seulement. Au bout de 2 ou 3 mois, le boyau est entièrement recouvert d'une moisissure blanche, grise ou verte. Les acides aminés et les peptides de la viande réagissent avec les moisissures bénéfiques pour neutraliser toute moisissure dangereuse. En contrôlant la température et l'humidité, on parvient à éviter la production de moisissures toxiques. Les conditions idéales sont une température inférieure à 20 °C (70 °F) et une humidité relative inférieure à 80%.

LE FUMAGE

En résumé, le fumage consiste à cuire la viande à très basse température. Selon Harold McGee, la fumée de bois peut contenir jusqu'à 200 éléments, comme des alcools, des acides, des composés de phénol ainsi que certaines substances toxiques, qui ralentissent la croissance des bactéries et retardent l'oxydation du gras. Enfin et surtout, le goût fumé du bois en combustion pénètre dans la viande. Le fumage à chaud cuit complètement la viande en un temps relativement rapide, à une température supérieure à 63 °C (145 °F). Le fumage à froid prend plus de temps, à une température inférieure à 40 °C (100 °F). C'est principalement dans les régions où le climat n'est pas propice au séchage que l'on fume la viande pour la conserver, par exemple dans le Sud de l'Italie, où il fait chaud et humide, ou dans le Nord, où il fait très froid.

LA CUISSON

Il existe également des charcuteries cuites. En Amérique du Nord, la mortadelle est probablement le type le plus répandu. Elle est d'ailleurs tout aussi appréciée en Italie. Elle subit divers traitements, selon des méthodes industrielles, et c'est un produit connu de tous. Au cours des dernières années, les fabricants italiens ont obtenu la permission d'exporter de la mortadelle aux États-Unis. La demande en Italie et ailleurs est donc aujourd'hui si élevée que c'est uniquement grâce à des procédés industriels qu'on peut y répondre. On trouve de la mortadelle dans plusieurs régions d'Italie et il y en a toute une variété.

Quand les morceaux de premier choix du porc ont été utilisés, ce sont généralement les restes qui entrent dans la composition des saucisses. On hache les morceaux avant de les introduire dans un boyau et de les cuire. Parfois, on commence par la cuisson.

Un exemple intéressant du procédé de salage est représenté par un produit particulier, le lard (***lardo***, en italien). Ce gras divin, de très grande qualité, provient du dos ou de la mâchoire du porc. Le lard fait avec du dos est en forme de bloc, tandis que celui qui provient de la mâchoire est plutôt cylindrique.

Plusieurs régions produisent leur version du ***lardo***. En Toscane, le ***lardo di Colonnata*** a acquis une grande renommée, car le vieillissement se fait dans des récipients de marbre (voir p. 18). Il y a 10 ans, il n'existait que 2 producteurs. La popularité du produit a naturellement fait augmenter ce nombre. Aujourd'hui, 14 entreprises produisent environ 100 000 kg (220 000 lb) de ***lardo di Colonnata*** par année. Cela paraît énorme, surtout si l'on pense que tout est fabriqué dans un minuscule village de 300 habitants. Pourtant, c'est très peu, quand on compare ce nombre aux 9 millions de kg (20 millions de lb) produits par les fabricants industriels. Avec la célébrité sont arrivées la concurrence et les imitations. Les producteurs artisanaux se sont évertués à maintenir le caractère et la tradition d'origine, si bien qu'il est maintenant vendu sous IGP (voir p. 33, Réglementation). La production a été soigneusement limitée aux quelques hectares qui entourent le village de Colonnata, en raison de son unique microclimat.

Les différents types de salamis selon les régions de l'Italie

Cette liste est loin d'être exhaustive. Vous y trouverez les types de viandes salées les plus populaires et les plus célèbres, que vous découvrirez au hasard de vos voyages, ainsi qu'un petit groupe de variétés régionales parmi les plus intéressantes. Les régions d'origine sont indiquées entre parenthèses.

ITALIE DU NORD

bresaola : cuisse ou longe de bœuf, parfois de cerf (Lombardie)

bresaola della Valdossola : cuisse ou longe de veau (Piémont)

bresaola di cavallo : cheval (Lombardie, Vénétie)

coppa : cou de porc (Émilie-Romagne)

cotechino : saucisse de bœuf et de volaille (Piémont)

cotechino : saucisse de porc (Émilie-Romagne)

cotechino : saucisse de porc (Frioul-Vénétie-Julienne)

cotechino alla vaniglia : saucisse de porc à la vanille (Lombardie)

cotechino cremonese « vaniglia » : saucisse de porc douce (Émilie-Romagne)

culatello : croupe de porc (Émilie-Romagne)

fiocchetto : cuisse de porc (Émilie-Romagne)

lardo al rosmarino di Cavour : gras de porc au romarin (Piémont)

lardo di Arnad DOP : gras de porc (Val d'Aoste)

mocetta (motzetta) : cuisse de chèvre (Val d'Aoste)

pancetta piacentina DOP : flanc de porc roulé (Émilie-Romagne)

pancetta steccata : flanc de porc aplati (Émilie-Romagne)

petto d'oca : poitrine d'oie (Lombardie)

prosciutto crudo d'oca : cuisse d'oie (Frioul-Vénétie-Julienne)

prosciutto di Parma : jambon de porc (Émilie-Romagne)

prosciutto di San Daniele : jambon de porc (Frioul-Vénétie-Julienne)

salame d'asino : cuisse ou épaule d'âne (parfois de bœuf) et *salame* à la pancetta (Piémont, Vénétie)

salame da sugo : salame de foie et de langue de porc (Émilie-Romagne)

salame di Felino : salame de porc (Émilie-Romagne)

salame di patate : salame de porc et de pommes de terre (Piémont)

salame di Varzi DOP : salame de porc (Lombardie)

salame d'oca : salame d'oie

salame d'oca di Mortara IGP : salame d'oie (Frioul-Vénétie-Julienne, Lombardie)

salame gentile : salame de porc (Émilie-Romagne)

salame milano (crespone) : salame de porc et de bœuf (Lombardie)

speck : jambon de porc fumé, désossé (Trentin-Haut-Adige)
zampone di Modena IGP : pieds de porc farcis (plusieurs régions)

ITALIE CENTRALE

ciauscolo (ciavuscolo, ciabuscolo) : saucisse de porc (Marches)
finocchiona (sbriciolona) : salame de porc aux graines de fenouil (Toscane)
lonza : cou de porc (Marches, Toscane)
mazzafegati : saucisse de porc et de foie (Ombrie, Marches)
rigatino : flanc de porc (Toscane)
salame di cinghiale : salame de sanglier (Toscane)
salame toscano : salame de porc (Toscane)
salsiccia di cinghiale : saucisse de sanglier (Toscane)
soppressata : saucisse cuite de tête, de peau et de langue de porc (Toscane)
tarese Valdarno : flanc de porc (Toscane)

ITALIE DU SUD

capocollo : cou de porc (plusieurs régions)
guanciale amatriciano : bajoues ou mâchoire de porc (Abruzzes, Latium)
lucania : saucisse de porc (Basilicate)
mortadella di Amatrice : salame de porc (Latium)
mortadella di Campotosto : salame de porc avec une bande de lard (Abruzzes, Latium)
pancetta arrotolata dei Monti Nebrodi : flanc de porc (Sicile)
salame di Napoli : salame de porc (Campanie)
salsiccia di fegato (fegatazzo) : saucisse de foie, de cœur et de poumon de porc, parfois aussi de ris, de flanc et de bajoues (Abruzzes, Molise)
soppressata (soppressata, sopressa) : salame de porc (Campanie, Molise, Pouilles)
vescica : vessie de porc fourrée de chair à saucisse et de *soppressata* (Basilicate)

Le lardo di colonnata

Toscane

Le village de Colonnata est situé non loin des célèbres carrières de marbre, dans des montagnes escarpées, qui s'élèvent à plus de 490 m (1600 pi) au-dessus de Carrare. À l'une des extrémités de la place se trouvent des vestiges de colonnes romaines en marbre. Près de l'église, on aperçoit une statue de saint Barthélémy, le patron des bouchers. Pénétrer dans le village, c'est un peu comme remonter le temps. Il est facile d'imaginer à quel point la vie devait être difficile dans cette région perdue. On a l'impression que le décor n'a presque pas changé depuis l'époque où Michel-Ange venait choisir le marbre de ses sculptures. Les gens qui travaillaient dans les carrières vivaient des produits du terroir et confectionnaient une spécialité locale, le *lardo di Colonnata*, promis à un brillant avenir… mais seulement cinq siècles plus tard.

Le *lardo di Colonnata* est un gras de porc salé de très grande qualité, qui provient des deux côtés de la colonne vertébrale de l'animal. Le gras est d'un blanc pur jusqu'à proximité du flanc. Plus bas, il présente des traînées roses. On l'assaisonne avec des aromates avant de le laisser vieillir dans une *conca* (récipient de marbre). Ses humbles origines font du *lardo* le mets paysan par excellence. Très calorique, facile à emporter, c'était le goûter parfait pour les ouvriers qui travaillaient en montagne. Contrairement aux habitants d'autres régions, où l'on mange les viandes grasses en hiver pour se tenir au chaud, les habitants de Colonnata préféraient manger maigre en hiver afin de conserver le *lardo* si énergétique pour la saison du dur labeur physique.

De nos jours, les récipients de marbre blanc poli veiné de gris dans lesquels on enferme le *lardo* ont en général 90 cm (3 pi) de haut. Les plus anciens et ceux qui sont réservés à l'usage domestique sont plus petits et sont en marbre rugueux, taillé au ciseau. On nettoie bien l'intérieur, puis on le frotte d'ail frais. Ensuite, des blocs de lard de 5 cm (2 po) de hauteur sont frottés de sel et enduits d'un mélange d'épices et de fines herbes, dont la composition est le secret de chaque producteur.

Le mélange de base est constitué de sel de mer, de romarin, d'ail et de poivre moulu. On peut y ajouter d'autres ingrédients comme la cannelle, les clous de girofle, les graines de fenouil, l'anis étoilé, l'origan, la sauge, les baies de genièvre et la cardamome. Quand les récipients sont pleins, on les referme et on les entrepose dans des caves fraîches et humides. Les récipients de marbre et leurs couvercles ressemblent un peu à des tombeaux.

Colonnata se trouve suffisamment en altitude pour que les étés y soient relativement frais. Et les récipients de marbre suffisent à maintenir le lard à une température constante. C'est après un vieillissement de 6 à 10 mois que le lard est prêt à être tranché. On enlève la couenne, ce qui donne aux fines tranches blanc et rose l'aspect d'un marbre froid et lisse. Le *lardo di Colonnata* dégage un merveilleux arôme d'herbes et a le goût du beurre doux. Il est délicieux sur une tranche de pain frais ou sur du melon bien mûr. On peut aussi le tartiner sur des croûtons après l'avoir finement haché avec de l'ail, des oignons verts, du sel et des fines herbes. Pourquoi ne pas déguster le sandwich des gens qui travaillent dans la carrière, soit d'épaisses tranches de lard, de tomate et d'oignon cru ?

Le culatello di Zibello

Émilie-Romagne

Tous ceux qui ont eu la chance de goûter au *culatello di Zibello*, croupe de porc salée produite près de Parme, poussent aujourd'hui un soupir de soulagement, car ce produit a presque failli disparaître complètement. Grâce aux pressions énergiques de certains producteurs, le consortium du *culatello di Zibello* a été créé, en octobre 1996, lorsque la région a finalement reçu l'appellation Denominazione di Origine Protetta (DOP). Massimo Spigaroli, qui préside aujourd'hui le consortium, a été à l'origine du mouvement. Lui et ses 11 collègues se sont eux-mêmes soumis à des règlements très stricts en ce qui a trait à la manutention et au salage de la viande, ainsi qu'à l'origine du produit et à son traitement avant l'abattage. Plutôt que d'être contraints de se conformer aux dispositions de la nouvelle réglementation établie par l'Union européenne (notamment l'utilisation de cuisines climatisées, entièrement carrelées de blanc), les fabricants de ce produit ancien ont reçu l'autorisation de continuer à faire vieillir la viande selon la méthode traditionnelle, dans des locaux sombres et humides.

Au lieu d'utiliser toute la cuisse pour fabriquer du prosciutto, on découpe la croupe, qui est ensuite assaisonnée et ficelée à la main dans une vessie. Ce qui fait du *culatello* un mets de roi, c'est la qualité des races de porc, la préparation manuelle et le climat brumeux de la petite région d'Émilie-Romagne où il est produit, la Bassa Parmense. D'une superficie inférieure à 195 km^2 (75 mi^2), elle est délimitée au nord par le Pô et s'étend vers le sud jusqu'au Taro et à l'Ongina. Huit collectivités sont autorisées à fabriquer, en utilisant des méthodes artisanales, le produit qui porte officiellement le nom de *culatello di Zibello* : Busseto, Polesine Parmenese, San Secondo, Zibello, Soragna, Colorno, Roccabianca et Sissa. Même si la marque de commerce a été enregistrée pour la première fois à Zibello, la DOP, qui a pour objet de protéger la région de production, s'étend aujourd'hui aux autres collectivités.

Le *culatello di Zibello* s'est trouvé sous les feux de la rampe lorsqu'il a obtenu l'appellation DOP. Cette soudaine renommée a incité les producteurs industriels à fabriquer un produit qu'ils ont aussi appelé *culatello*. Même s'il ressemble au *culatello di Zibello*, il est fabriqué toute l'année dans des conditions artificielles : cuisines réfrigérées et carrelées de blanc, à température et humidité constantes. La loi applicable aux produits industriels autorise l'utilisation d'additifs chimiques. Mais il est toujours possible de reconnaître le vrai produit artisanal, car il est le seul à porter officiellement la marque et le nom commercial de *culatello di Zibello*.

Le consortium italien des producteurs du ***culatello di Zibello*** inspecte le produit après 11 mois de vieillissement. Si le résultat de l'inspection est favorable, il reçoit la marque agréée du ***culatello di Zibello***.

LE PROSCIUTTO

Plusieurs régions produisent leur propre variété de prosciutto en utilisant les cuisses postérieures du porc et d'autres animaux. Parmi les types de ***prosciutto crudo*** (porc salé cru), les plus célèbres et les plus exportés sont ceux de Parme, dans la province d'Émilie-Romagne, et de San Daniele, dans la province du Frioul-Vénétie-Julienne. Chaque région possède un microclimat bien particulier et utilise sa propre méthode de fabrication d'un jambon doux, au goût délicat.

Le ***prosciutto di Parma*** est l'exemple parfait d'un produit qui est parvenu à conserver sa qualité et sa saveur traditionnelles, même s'il est aujourd'hui fabriqué selon des méthodes industrielles. Tous les aspects de la fabrication, de l'élevage et de l'alimentation des porcins jusqu'à l'emballage du produit fini, sont étroitement supervisés par l'Istituto Parma Qualità (IPQ). Le quota annuel de 8 millions de jambons est assuré par seulement un peu plus de 200 producteurs. Pour produire cette quantité de prosciutto, on élève 4 millions de porcs, la plupart de race Large White, une race créée en Angleterre vers la fin du 18e siècle. La race a été introduite à la cour des Bourbons de Naples au début du 19e siècle. Croisement entre le porc chinois et son cousin anglais, cet animal savoureux pèse plus de 140 kg (300 lb). Près de 6000 exploitations agricoles en élèvent dans la région de Parme. Le prosciutto agréé par le consortium des producteurs porte un sceau de qualité en forme de couronne, à l'intérieur de laquelle se trouve l'appellation PARMA.

Dans le coin le plus éloigné du Nord-Est de l'Italie, entre les Alpes et la mer, s'étend la région du Frioul. Le ***prosciutto di San Daniele*** est produit avec les mêmes porcs que celui de Parme, mais la méthode varie un peu. Chaque cuisse, qui doit peser au moins 11 kg (24 lb), est aplatie en forme de violon, et le sabot reste intact. Pour faire vieillir la viande, on la recouvre d'une pâte faite de lard et de céréales, ce qui l'empêche de sécher trop vite. La texture du jambon devient alors moelleuse et il acquiert une belle couleur rosée et un goût très doux. Dans une région plus petite que celle de Parme, moins d'une trentaine de producteurs fabriquent un total de 1,7 million de jambons par année. Le consortium de San Daniele marque chaque jambon d'un sceau de qualité. On y voit une cuisse de porc entourée de l'appellation ***Prosciutto di San Daniele*** et au centre on peut lire les initiales SD. Dans la même région est produit le ***speck***, un jambon désossé légèrement fumé.

Un type de jambon cru occupe actuellement une place privilégiée sur les menus des restaurants italiens. Il s'agit du ***prosciutto crudo d'oca***, soit une cuisse d'oie salée. À l'origine, il était destiné à la population juive du Frioul-Vénétie-Julienne, comme substitut du ***prosciutto di San Daniele***, originaire de la même région. La cuisse d'oie est désossée, puis on la place dans un mélange de gros sel de mer, de poivre, de muscade et de feuilles de laurier pendant 6 semaines. Ensuite, on la recouvre de poivre et on la laisse sécher dans un local bien aéré de 2 à 5 mois. D'autres régions fabriquent aussi du prosciutto d'oie, notamment la Lombardie, où la cuisse est d'abord marinée dans le marsala, puis assaisonnée d'un mélange de sel, poivre, muscade et feuilles de laurier. On la laisse dans ce mélange de 30 à 40 jours. Certains des produits de l'oie ont reçu la nouvelle désignation ***ecumenico*** («œcuménique») de l'Istituto Nazionale di Sociologia Rurale, de sorte qu'ils peuvent être consommés indifféremment par les catholiques, les juifs et les musulmans.

Le prosciutto di Parma

Émilie-Romagne

Chaque région d'Italie fabrique une variété particulière de prosciutto, le plus célèbre étant celui de Parme. C'est dans la vallée de Langhirano, au sud de Parme, que les conditions sont les plus favorables. Le salage est fait dans les règles de l'art, afin d'éviter que le produit fini ne soit trop salé. Ainsi, le *prosciutto di Parma* est considéré comme un jambon doux.

À Langhirano, l'une des plus anciennes entreprises de fabrication de prosciutto a été fondée par Ferrante Tosini en 1905. Son fils Pio, 20 ans plus tard, en a fait une maison prospère. Le logo de Tosini, une branche de chêne chargée de glands, représente ce que les porcs mangeaient autrefois lorsqu'ils parcouraient les collines, en liberté.

Aujourd'hui, le petit-fils de Ferrante, Renato Ghersetich et ses deux arrière-petits-fils, Nicola Ghersetich et Giovanni Bianchi perpétuent la tradition familiale. Ils produisent environ 100 000 prosciuttos par année, ce qui est peu par rapport à d'autres entreprises. Mais c'est justement en évitant la production de masse qu'ils ont pu maintenir la qualité et l'hygiène nécessaires à la fabrication, ce qui leur permet d'être au nombre des quelques producteurs autorisés à exporter aux États-Unis. Nicola est fier d'affirmer: « Comme par le passé, les seuls ingrédients qui servent à la fabrication d'un excellent prosciutto sont du porc d'excellente qualité, du sel et du grand air. Le reste, c'est notre affaire. » L'usine, l'une des premières qui a été construite dans la région, est parfaitement située pour laisser vieillir le jambon, au fond de la vallée, rafraîchie par la brise constante provenant de la rivière. Chaque aspect de la production est étroitement contrôlé, de l'alimentation et de l'élevage des porcs jusqu'au traitement de la viande.

« Les porcs, des races Large White et Duroc, ne sont pas élevés pour la maigreur de leur viande, mais plutôt pour leur goût, explique Nicola Ghersetich. Nous choisissons de la viande de première qualité, qui provient d'animaux soigneusement élevés et alimentés. » Au début, chaque jambon frais pèse entre 11 et 16 kg (24 et 35 lb). Pour en retirer tout le sang résiduel, on les masse au rouleau. Aujourd'hui, l'essentiel du travail est accompli à la machine, mais il faut encore procéder à la main, surtout autour de l'os. Les jambons sont ensuite recouverts de sel, qui pénètre dans la peau grâce au massage. On les laisse reposer pendant 5 jours à une température de 1 à 4 °C (34 à 36 °F), puis on les recouvre encore de sel avant de les remettre au froid pendant 19 jours. Ils passent ensuite dans un appareil qui balaie le sel superflu. (La réglementation des États-Unis interdit l'utilisation des brosses traditionnelles.) Les jambons retournent au froid, toujours à la même température, où ils demeurent encore 60 jours avant d'être retaillés à la main, puis on les remet au froid. Après 100 jours, on les nettoie, puis on les conserve à une température de 15 à 20 °C (60 à 70 °F) jusqu'à ce qu'ils soient complètement secs. Enfin, on les remet au froid pour les laisser vieillir pendant au moins 12 mois.

Tout le salage est effectué à l'air ambiant, dans des pièces dotées de portes-fenêtres qu'on laisse ouvertes la nuit, pour que la brise fraîche de la rivière puisse y entrer. Le *prosciutto di Parma* a été le premier jambon italien à pouvoir être exporté aux États-Unis. Le Code of Federal Regulations de ce pays suit de près les règles strictes qui ont été définies par le Consortium du *prosciutto di Parma*. À l'exception de l'interdiction d'utiliser des brosses, la seule restriction imposée par la réglementation américaine est un vieillissement d'au moins 400 jours, soit la période que l'on juge nécessaire pour éliminer tout risque de maladie. Autrefois, les producteurs laissaient les jambons vieillir pendant 10 mois ou plus, mais le consortium a récemment décidé d'exiger un vieillissement minimal d'au moins 12 mois. Les meilleurs jambons vieillissent de 16 à 18 mois, et la période maximale est de deux ans et demi. L'histoire du *prosciutto di Parma* est celle d'un grand succès, car c'est un jambon qui a réussi à conserver sa qualité, malgré une production de masse.

Chaque jambon porte un sceau sur lequel sont inscrits le mois et l'année où la viande a commencé à être traitée, ainsi que les codes d'identification du boucher, de l'abattoir et de l'endroit où a été élevé le porc. Le produit fini pèse entre 7 et 12 kg (15 et 26 lb).

Nicola Ghersetich m'a suggéré d'aller manger dans une petite trattoria, sur la Via del Sale, l'ancienne route par laquelle le sel était transporté jusqu'à la mer. Là, j'ai dégusté du prosciutto Tosini âgé de 2 ans. On m'a servi les délicates tranches d'un rose transparent à la manière traditionnelle, simplement accompagnées de pain frais. Comme la plupart des prosciuttos de grande qualité, celui-là se déguste cru, parfois accompagné des fruits de saison.

LA PANCETTA

La pancetta, que l'on appelle parfois bacon italien, est constituée de flanc de porc salé. Il en existe généralement deux variétés : la première a la forme d'un bloc et on l'utilise surtout en cuisine pour donner du goût aux aliments ; la seconde est en forme de rouleau que l'on peut trancher finement pour faire des hors-d'œuvre (***antipasti***) ou des paninis. C'est surtout la pancetta en forme de rouleau que l'on fabrique en dehors de l'Italie. Elle sert à cuisiner ou à faire des assiettes de charcuterie. D'une région à l'autre, le nom change, mais le goût est toujours un mélange agréable de sucré-salé. Traditionnellement, la viande est soit recouverte de sel, soit marinée dans la saumure pendant une semaine à 10 jours. Ensuite, on la rince au vinaigre de vin avant de l'assaisonner une fois encore de sel et de poivre. On la laisse vieillir pendant au moins 30 jours à température et humidité constantes. Il existe également une variété fumée.

Parme produit la ***pancetta steccata***, qui est pressée et vieillie entre deux planches de bois. Il s'agit d'une technique relativement récente qui remonte seulement aux années 60. Elle a été mise au point pour remédier à l'utilisation accrue de races de porcs prolifiques, certes, mais de qualité médiocre. Il était difficile de produire la pancetta traditionnelle en forme de rouleau en utilisant ces viandes, car les couches superposées de gras et de viande n'adhéraient pas suffisamment ensemble, ce qui laissait l'air pénétrer et provoquait le rancissement. La nouvelle technique consiste à plier la pancetta, à coudre ensemble les deux bords et à presser ce bloc entre deux planches maintenues fermement par une corde élastique. Quand la pancetta a été pressée de 24 à 36 heures, on la laisse vieillir de 5 à 6 mois jusqu'à un maximum de 2 ans, en fonction des dimensions de la pièce de viande et de l'humidité.

En Toscane, la pancetta porte aussi les noms de ***rigatino, tarese*** ou ***ventresca***. On laisse le flanc de porc dans le sel pendant 48 heures, puis on le nettoie avec un mélange à base de vinaigre bouilli et de peperoncino (petit piment rouge piquant). Quand il est sec, on le recouvre de poivre et de peperoncino avant de le laisser vieillir de 2 à 4 mois. À San Miniato, on préfère les graines de fenouil au peperoncino. La viande est alors pliée et ficelée avant qu'on la fasse vieillir. Le ***tarese Valdarno***, originaire des environs de Florence, est fabriqué en utilisant la partie du flanc de porc qui va jusqu'à la colonne vertébrale. La pièce de viande est frottée avec un mélange d'ail rose haché, de poivre, de zeste d'orange et de baies de genièvre. Après 10 jours dans le sel, on la rince et on la sèche avant de la frotter de nouveau avec le mélange ci-dessus. On la remet dans le sel et on la laisse vieillir pendant encore 2 à 3 mois.

Les régions du Sud produisent des variétés de pancetta très assaisonnées. À Martina Franca (dans les Pouilles), on laisse mariner la viande dans la saumure pendant 20 jours, puis dans le vin cuit pendant 24 h. Après l'avoir roulée serré, on la laisse sécher pendant 2 semaines, puis on la fume. Enfin, le vieillissement peut aller de 60 à 100 jours. En Sicile, la ***pancetta arrotolata dei Monti Nebrodi*** est roulée serré, puis on la laisse mariner dans un mélange de sel, de fenouil sauvage, d'ail, d'origan et de vinaigre pendant 15 jours. Ensuite, on la sèche, on la recouvre de poivre, de peperoncino, d'ail et d'origan, avant de la laisser vieillir pendant 3 à 4 mois.

La pancetta di Cinta Senese

TOSCANE

Il y a 6 ans, j'ai passé presque un an dans un petit château situé près de Gaiole, dans la région de Chianti, j'étais responsable des cours de cuisine. Nous achetions notre viande de Vincenzo Chini, un boucher de Gaiole. J'ai gardé un merveilleux souvenir de ses produits, d'une fraîcheur extraordinaire, et du papier de boucherie dans lequel il les emballait. Récemment, je suis retournée lui rendre visite.

Vincenzo et son frère Cesare exploitent une petite entreprise familiale qui existe depuis 1682. Ce sont les premiers producteurs qui ont été officiellement reconnus comme producteurs de *salumi* fait avec du porc de la race Cinta Senese. Le fils de Vincenzo élève ses porcs à proximité, dans sa ferme de Montechioccioli, tout comme le faisaient ses ancêtres. Il a commencé par acheter les meilleurs spécimens d'animaux qu'il a pu trouver sur le marché et, depuis, il les élève avec soin pour améliorer continuellement la race. Selon la famille Chini : « C'est en soignant ses porcs que l'on fabrique les meilleurs *salumi*. »

On élève des porcs de la race Cinta Senese dans la région de Sienne depuis le Moyen-Âge. À l'origine, il s'agissait d'un cochon pratiquement sauvage, dont la race s'est presque éteinte dans les années 50, lorsqu'on l'a remplacée par des races domestiques, plus maigres et de croissance plus rapide. Elle a été redécouverte in extremis. Même si la viande est plus grasse, elle est d'excellente qualité. La chair est dense et elle possède un goût très prononcé, particulier à ce type de porc. Il est facile de reconnaître ces animaux, car ils sont tout noirs, à l'exception d'une large « ceinture » blanche, qui s'étend jusqu'aux pattes avant. D'où le nom Cinta Senese, qui se traduit par « ceinture de Sienne ».

Depuis 2000, la race est protégée par un consortium qui supervise l'élevage et l'alimentation des porcs, ainsi que la production de *salumi* et d'autres viandes. On exige des éleveurs qu'ils laissent les porcs en liberté, dans les bois et les prés, afin que les animaux puissent se nourrir de racines, de tubéreuses ou de glands, ainsi que d'autres plantes fourragères, comme lorsque la race était sauvage. On accorde beaucoup d'importance à la santé et au bien-être des animaux. Chaque pièce de viande porte un code – qui permet d'identifier l'éleveur, le porc et l'année de l'abattage –, de même qu'un numéro de série.

Vincenzo m'a fait goûter à sa pancetta qui fond dans la bouche.
« La pancetta de Cinta Senese est particulièrement savoureuse parce que la graisse a un goût extrêmement prononcé », m'a-t-il expliqué. Il laisse la viande mariner une semaine dans du sel fin, puis la rince à l'eau claire. Il la trempe ensuite dans le vinaigre, la recouvre de poivre et la suspend, avant de la laisser vieillir pendant 30 jours. Même si la pancetta est souvent utilisée dans la cuisine, il est préférable de déguster ce délicieux produit au naturel, découpé en tranches fines, accompagné d'un assortiment de prosciuttos et *salame*.

LE SALAME ET LES SAUCISSES

Jusqu'à ce que la réfrigération se répande un peu partout, c'était généralement en hiver que l'on abattait les animaux. Les pièces les plus maigres (cuisse et épaule, par exemple) et les autres pièces de grande taille étaient salées. Les morceaux plus petits ou de moins bonne qualité étaient hachés et on en faisait du salami. En taillant les viandes maigres, on obtenait de petits morceaux de grande qualité que l'on mélangeait à du gras et à des assaisonnements avant de les mettre dans des boyaux pour faire des saucisses fraîches. Ces saucisses toscanes classiques ont simplement été assaisonnées de sel, de poivre et d'ail. Elles sont délicieuses grillées ou en ragoût. La ***lucanega (lucanica)*** est également très populaire. Même si on peut en trouver dans le nord, elle provient à l'origine de la région de Basilicate, dans le sud. On la fabrique généralement avec de l'épaule et les morceaux de choix du cou, dont on enlève les tendons et le gras. La viande est hachée avec un mélange de sel, de poivre, de graines de fenouil et d'une petite quantité de peperoncino. On la place ensuite dans des boyaux d'agneau avant de la laisser reposer dans des paniers en osier pendant la nuit. Le lendemain, on la suspend dans un grenier sec, parcouru de courants d'air, afin de la laisser vieillir de 15 à 20 jours. Au début, on allume toujours la cheminée. La forme traditionnelle de ***lucanega*** porte le nom de ***quattro gambi*** (« quatre jambes ») et ressemble à un W. En revanche, la ***lucanega*** produite dans le nord, en Lombardie, est parfois appelée ***salsiccia a metro*** (« saucisse au mètre) », car elle est effectivement vendue au mètre.

La soppressata di Gioi

Campanie

Seulement trois familles produisent un *salame* unique, appelé *soppressata di Gioi*, qui conserve tout son moelleux grâce à une bande de lard au centre. Un salami préparé de cette façon se nomme *salame lardellato* et on le produit surtout dans les Abruzzes. La *soppressata di Gioi* est le seul *salame lardellato* de Campanie. Le village de Gioi, situé à 50 km (31 mi) à l'est d'Agropoli, dans le Sud de la Campanie, est constitué d'environ une dizaine de familles.

C'est ainsi que Raffaele Barbato et son épouse, Giuliana Nese, abattent environ 50 de leurs propres porcs chaque année. Ils fabriquent entre 35 et 40 saucissons par porc. Ils confectionnent également des saucisses, du *capocollo* et de la pancetta. Les races sont mélangées et proviennent des montagnes de la région. La nourriture des animaux est biologique et elle est principalement produite sur la ferme : citrouille, betteraves, glands, châtaignes, céréales, maïs et autres végétaux de saison.

« C'est pendant les mois frais, d'octobre à avril, que nous travaillons le plus », explique Raffaele Barbato. La viande (la cuisse seulement) est grossièrement hachée à la main et mélangée à du sel et à du poivre (certains producteurs utilisent aussi du peperoncino et, parfois, des graines de fenouil). On la laisse reposer pendant une dizaine d'heures.

Pendant ce temps, on taille le gras en bandelettes longues et fines, que l'on recouvre de sel et qu'on laisse ainsi pendant au moins 3 ou 4 h.

Ensuite, on met la viande dans des boyaux naturels. La bande de lard est délicatement enfoncée au centre. Le boyau est rempli et façonné en même temps.

On laisse les salamis reposer sur une table pendant 24 h : 12 h d'un côté, 12 h de l'autre. Ensuite, on les suspend pour qu'ils sèchent dans une pièce où un feu de bois brûlera en permanence pendant au moins un mois. Le lard empêche la viande de sécher trop vite. Les saucissons sont nettoyés régulièrement et enduits d'huile d'olive. Lorsque le vieillissement est terminé, ils sont entreposés sous une couche de lard ou recouverts d'huile d'olive ou, encore, emballés sous vide, s'ils ne doivent pas être consommés immédiatement.

Les saucisses et les salamis

Toscane

À 40 km (25 mi) au sud de Sienne se trouve Belsedere, exploitation agricole biologique d'environ 405 hectares (1000 acres), qui produit non seulement du blé, du *pecorino* et de l'huile d'olive extra-vierge, mais aussi des *salumi* typiques, faits avec les porcs qui y sont élevés.

J'ai fait la connaissance de la comtesse Ada Avanzati en 1996, lorsque je suis allée visiter les installations de production biologique du *pecorino* à Belsedere. C'est ainsi que nous sommes devenues amies.

En 1963, bien résolue à conserver intacte la ferme ancestrale, la comtesse a commencé à produire *salumi* et *pecorino*. Aujourd'hui, son fils Venceslao de Gori Pannilini, son épouse, Silvia Paoletti et leurs deux enfants, Niccolò et Federica, ont pris le relais.

Deux bouchers, Marino Menchetti et Mauro Mencarelli, travaillent à Belsedere depuis plus de 15 ans. On élève les porcs sur place. C'est le vendredi qu'a lieu l'abattage. La viande est découpée et les morceaux sont placés au froid pendant le week-end pour qu'ils puissent vieillir. Le lundi, on prépare la pancetta et leprosciutto. Le mardi, c'est au tour des saucisses fraîches et le mercredi des salamis. La forme des divers produits révèle bien que tout le travail est accompli à la main.

Les saucisses fraîches sont composées de 50 % de gras et 50 % de porc maigre grossièrement haché et les seuls assaisonnements qu'elles contiennent sont du sel, du poivre et de l'ail. On place ensuite les ingrédients dans un gros mélangeur qui en fait un mélange homogène. Les boyaux naturels sont achetés à l'extérieur. Ils sont stérilisés, secs et déjà salés. Il faut donc les assouplir dans un mélange d'eau vinaigrée. Ensuite, on les place directement sur la buse d'où la viande est expulsée. Les bouchers attachent les saucisses avec une ficelle tous les 9 cm (4 po) environ. Et ils percent le boyau pour permettre à l'air de s'échapper. Même si les saucisses sont alors prêtes à être consommées, on les laisse souvent sécher au froid pendant une semaine à 10 jours.

La méthode de fabrication du *salame* est comparable, à une différence près : les boyaux sont plus gros et le saucisson prend plus de temps à sécher que les saucisses. Le *salame* toscan de Belsedere est fabriqué avec du porc maigre finement haché et contient seulement 20 % de gras. En plus du sel, on l'assaisonne de poivre moulu et de poivre en grains, auquel on ajoute de l'ail, un peu de sucre et du lait en poudre pour absorber l'humidité résiduelle.

Quand le mélange est prêt, on le place dans des boyaux de veau et on le laisse vieillir dans une pièce tiède, à 20 °C (70 °F), pendant une journée ou deux. Ensuite, on baisse la température à 15 °C (60 °F) et on laisse les saucissons dans la pièce pendant 5 à 6 jours. Les saucissons sont alors prêts pour le vieillissement. Ils vieillissent pendant 1 ou 2 mois, en fonction de leur taille. Une fois tranchée, la viande est parfumée et tendre, mais possède un goût franc qui s'harmonise parfaitement avec le *pecorino* de la comtesse.

Aujourd'hui âgée de 94 ans, la comtesse a pris officiellement sa retraite. Elle passe ses journées au soleil, à se reposer, ou dans la chapelle. Le succès de l'exploitation familiale repose désormais entre les mains compétentes de ses enfants et petits-enfants.

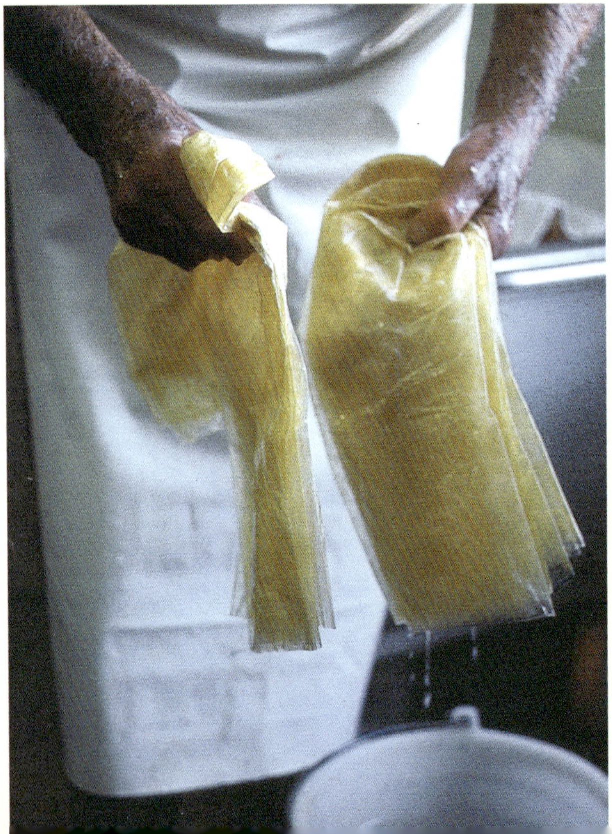
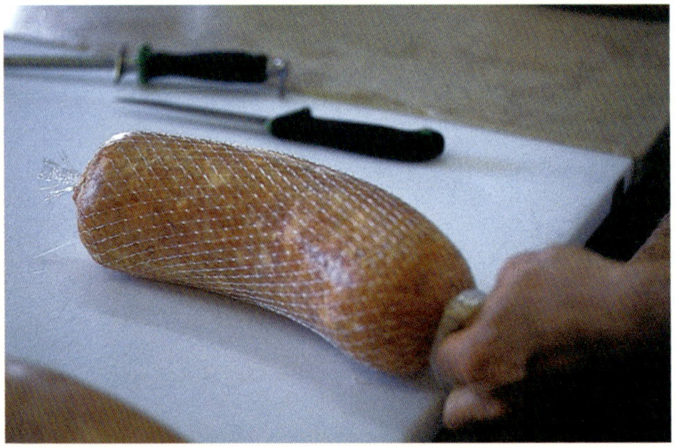

LA RÉGLEMENTATION

PRODUITS TRADITIONNELS ET PRODUITS INDUSTRIELS

Les produits alimentaires apparaissent et disparaissent du marché pour diverses raisons, les modes, par exemple, et la rareté des ingrédients. Au cours des vingt dernières années, les méthodes de production des viandes salées ont changé en raison des nouvelles exigences gouvernementales en matière de santé publique. Cette vigilance est compréhensible, surtout dans le cas des viandes salées crues. Et pourtant, il y a plusieurs siècles que les gens mangent de la charcuterie préparée selon des méthodes traditionnelles et ne s'en portent pas plus mal. L'application généralisée d'un règlement peut parfois obliger un petit producteur à fermer boutique, parce qu'il n'a pas les moyens de moderniser son atelier. En dépit d'une réussite séculaire, un produit artisanal risque de changer complètement de caractère si son fabricant doit se conformer à des lois strictes en matière d'hygiène et de santé publique. L'un des meilleurs exemples est celui du ***culatello di Zibello***, produit artisanal qui a failli disparaître complètement parce que les nouveaux règlements européens exigeaient qu'il soit fabriqué dans des pièces carrelées de blanc et réfrigérées.

Depuis sa création, l'Union européenne s'efforce de mettre au point une batterie de règlements applicables aux aliments traditionnels de ses pays membres. Chaque produit a été classé sous l'une ou l'autre de ces deux appellations : DOP ou IGP. La première, la « dénomination d'origine protégée » mentionne les produits qui ont été employés, la méthode de production utilisée et la région d'origine. La seconde, l'« indication géographique protégée », est une catégorie plus générale qui n'exige que la mention de la région d'où est originaire le produit. Ce genre de précision est parfois utile, car il peut empêcher un produit de disparaître. Mais dans certains cas, la définition des produits qui devraient être considérés comme artisanaux est beaucoup trop générale. C'est ce manque de précision qui a permis à des producteurs industriels de créer de piètres imitations qui ne reproduisent pas exactement le produit artisanal.

Au cours de mes voyages, j'ai rencontré quelques producteurs qui continuaient d'utiliser les méthodes artisanales traditionnelles. Vous trouverez dans ce livre des exemples de gens qui ont réussi à combler le fossé entre la tradition artisanale et le succès commercial sans sacrifier la qualité du produit.

Dans le sillage des définitions législatives se trouve la politique. Les gros industriels sont souvent mieux équipés qu'une poignée d'artisans pour se faire entendre des gouvernements. Certains produits artisanaux ont été victimes de leur succès et des imitations industrielles n'ont pas tardé à surgir, le ***culatello di Zibello*** et le ***lardo di Colonnata*** constituent de bons exemples. Parfois, en raison de l'accroissement de la demande, les industriels finissent par remplacer les artisans. Le produit fabriqué selon la méthode traditionnelle disparaît alors complètement.

Les organismes privés jouent un rôle crucial dans la protection des produits artisanaux. Par exemple, Slow Food est un organisme international fondé par un Italien, Carlo Petrini, en 1986. Ce mouvement, qui compte aujourd'hui plus de 80 000 membres, a pour mission de « protéger les plaisirs de la table de l'homogénéisation engendrée par la vie moderne et les aliments minute ». L'un des grands desseins de l'organisme consiste à préserver la biodiversité de l'agriculture et les aliments traditionnels qui risquent de disparaître.

L'IMPORTATION ET L'EXPORTATION

En Italie, on trouve bien sûr plusieurs centaines de ***salumi***. Mais seulement quelques-uns nous parviennent. L'Agence canadienne d'inspection des aliments applique des règles strictes en matière d'importation et ce, pour éviter la propagation des maladies animales, comme la maladie vésiculeuse du porc, la peste porcine et l'encéphalopathie bovine spongiforme (plus connue sous le nom de « maladie de la vache folle »). On peut se procurer notamment le ***prosciutto di Parma*** (d'Émilie-Romagne) et le ***prosciutto di San Daniele*** (du Frioul-Vénétie-Julienne). Certains prosciuttos génériques peuvent parfois être importés, dans la mesure où les producteurs d'Ombrie et de

Toscane travaillent dans des installations qui respectent la réglementation canadienne. Mais en général, la plupart des prosciuttos proviennent d'Émilie-Romagne et des autres régions du Nord de l'Italie. Quelques types de ***salame*** sont également autorisés, mais toujours sous réserve des mêmes conditions.

❖ ❖ ❖

Les recettes qui suivent vous donnent quelques exemples de la manière dont on peut utiliser les viandes salées dans la cuisine. Certaines, comme la pancetta, ajoutent aux recettes un goût tout à fait savoureux. Beaucoup, comme le prosciutto, la ***bresaola*** et la longe salée, sont meilleures crues, perdent leur saveur délicate et changent de texture à la cuisson. La préparation classique consiste simplement à disposer sur une assiette ces viandes découpées en tranches fines, accompagnées de pain frais. Elles peuvent aussi rehausser agréablement la présentation d'un mets. Si vous souhaitez les ajouter à un plat cuisiné, attendez la fin de la cuisson.

Lorsque vous achetez des viandes salées, demandez à votre boucher de ne trancher que la quantité dont vous aurez besoin pour les 2 ou 3 jours qui suivent. Gardez les tranches bien emballées, car l'exposition à l'air décolore la viande et la fait rancir. À moins que votre boucher ne débite beaucoup de viandes froides, il est possible que la partie exposée de la pièce de viande ait pris une couleur plus foncée à l'air. Par conséquent, demandez-lui d'enlever la première tranche avant de peser votre achat. En général, plus le diamètre de la tranche est grand, plus elle devrait être coupée finement. Conservez les tranches bien emballées dans une pellicule plastique afin d'éviter qu'elles ne sèchent ou ne s'oxydent.

Méfiez-vous des salamis emballés sous vide, car ils perdent tout leur arôme lorsqu'ils ne peuvent pas respirer. Un bon salami doit être ridé, ce qui indique la présence d'un boyau naturel. Si vous achetez un salami emballé dans la cellulose, n'oubliez pas d'enlever le boyau avant de le manger. ***Buon appetito!***

Tourelles de mozzarella, de tomate et de salami

4 portions

PRÉPARATION

Voici l'antipasto idéal pour les beaux jours d'été. Vous devez réunir les ingrédients à la dernière minute seulement.

- Couper la mozzarella en 8 tranches de 1,2 cm (½ po) d'épaisseur. Déposer le fromage sur du papier essuie-tout et le laisser égoutter pendant 10 min. Mettre une tranche de mozzarella sur chacune des tranches de salami.
- Déposer le quart de la laitue dans chacune des assiettes. Garnir de 2 tourelles de mozzarella-salami. Faire une incision dans les tomates, mais ne pas les couper complètement. Insérer une feuille de basilic dans chacune des incisions et mettre une tomate sur chaque tourelle. Verser un filet d'huile d'olive sur le tout, saler, poivrer et servir immédiatement.

INGRÉDIENTS

- **225 g (8 oz) de mozzarella fraîche, soit 2 boules de 5 cm (2 po) de diamètre ou 1 tresse**
- **8 tranches de salami**
- **100 g (1 tasse) de laitue à feuilles rouges déchiquetée**
- **8 tomates cerises**
- **8 petites feuilles de basilic**
- **Huile d'olive extra-vierge**
- **Sel et poivre noir fraîchement moulu, au goût**

Asperges enveloppées de bresaola

6 portions

PRÉPARATION

- 18 tiges d'asperge d'environ 20 cm (8 po), parées
- 6 très fines tranches de bresaola froides

Dans ce savoureux hors-d'œuvre, vous pouvez remplacer la bresaola *par du prosciutto. Faites ce plat à l'avance et placez-le au réfrigérateur. Ou encore, servez-le chaud accompagné d'un filet d'huile d'olive extra-vierge et de vinaigre balsamique.*

• À l'aide d'un épluche-légumes, peler délicatement les 5 ou 7,5 cm (2 ou 3 po) de la partie inférieure de chacune des tiges d'asperge.

• Dans une grande casserole d'eau bouillante salée, blanchir les asperges de 3 à 5 min ou jusqu'à ce qu'elles soient al dente. Les égoutter, les plonger immédiatement dans l'eau glacée pour interrompre la cuisson et les laisser dans l'eau de 3 à 5 min. Quand elles sont froides, les égoutter encore, puis les éponger pour les assécher.

• À l'aide d'un couteau très coupant, couper la ***bresaola*** froide en tranches de 2,5 cm (1 po) de largeur.

• Envelopper le centre de chacune des tiges d'asperge d'une tranche de viande. Les disposer ensuite sur un plateau que l'on pourra passer aux invités.

NOTE : La ***bresaola*** est de la viande de bœuf salée et séchée.

Crêpe de pommes de terre et de pancetta

8 portions

INGRÉDIENTS

- 2 c. à soupe d'huile d'olive extra-vierge
- 115 g (4 oz) de pancetta fumée, coupée en dés
- 1 oignon en tranches fines
- 2 grosses pommes de terre pelées et râpées
- 500 ml (2 tasses) d'eau
- Sel et poivre noir fraîchement moulu, au goût
- 170 g (6 oz) de fromage montasio ou de Parmigiano-Reggiano râpé

PRÉPARATION

Cette crêpe au fromage provient du Frioul, dans le Nord-Est de l'Italie. On en trouve plusieurs variantes : certaines crêpes sont tendres, d'autres sont croquantes. D'autres encore sont faites avec de la polenta ou avec du fromage seulement.

- Dans une sauteuse de taille moyenne à fond épais, chauffer l'huile d'olive à feu moyen-élevé. Ajouter la pancetta et l'oignon. Cuire de 4 à 5 min ou jusqu'à ce qu'ils soient bien dorés. Ajouter les pommes de terre, l'eau, le sel et le poivre. Baisser à feu moyen, couvrir et laisser mijoter 30 min ou jusqu'à ce que les pommes de terre soient tendres. Ajouter le fromage et brasser jusqu'à ce qu'il soit fondu.
- Mettre une poêle antiadhésive à feu moyen-élevé. Transférer le mélange de fromage dans la poêle chaude. Étendre le mélange également. Cuire de 5 à 6 min pour qu'une belle croûte dorée se forme. Glisser la crêpe sur une assiette, la retourner, puis la remettre dans la poêle. Faire dorer l'autre côté de 4 à 6 min. Couper la crêpe en morceaux et la servir chaude.

Trois types de garnitures pour les croûtons

6 portions

PRÉPARATION

Conçus pour stimuler l'appétit, ces croûtons sont de délicieux petits canapés surmontés de garnitures. Voici 3 garnitures à faire à l'avance que vous pourrez mettre sur les canapés au dernier moment.

LA PURÉE DE PROSCIUTTO

• Dans un robot culinaire, mettre le prosciutto et l'huile d'olive. Mélanger jusqu'à consistance onctueuse. Incorporer les olives à la main.

LA BRESAOLA HACHÉE

• Dans un bol, mettre tous les ingrédients et bien mélanger.

LE SALAMI EN JULIENNE

• Dans un bol, mettre le poivron et le salami. Bien mélanger.

LES CROÛTONS

• Étendre ou mettre une cuillerée de chacune des garnitures sur 6 demi-tranches de pain grillées. Disposer sur un plateau et servir immédiatement.

INGRÉDIENTS

LA PURÉE DE PROSCIUTTO

- 85 g (3 oz) de prosciutto di Parma
- 1 c. à soupe d'huile d'olive extra-vierge
- 6 olives noires dans l'huile, coupées en 2 et dénoyautées

LA BRESAOLA HACHÉE

- 85 g (3 oz) de bresaola finement hachée
- 1 c. à soupe d'huile d'olive extra-vierge
- 1 petite pomme Délicieuse rouge ou un autre type de pomme coupée en petits dés

LE SALAMI EN JULIENNE

- 1 petit poivron rouge grillé, pelé et coupé en julienne (voir p. 112)
- 85 g (3 oz) de salami épicé, coupé en julienne

LES CROÛTONS

- 9 tranches de pain de campagne, légèrement grillées et coupées en 2

Crevettes et courgettes grillées habillées de pancetta

INGRÉDIENTS

PRÉPARATION

4 portions

- 16 grosses crevettes
- 8 fines tranches de pancetta coupées en 2
- 4 mini-courgettes ou 2 courgettes moyennes, coupées en tranches de 1 cm (½ po) d'épaisseur
- Huile d'olive pour badigeonner
- Sel et poivre noir fraîchement moulu, au goût

Plutôt que d'utiliser des brochettes, essayez d'utiliser des branches de romarin. La longueur de la tige détermine le nombre de crevettes que vous pouvez y placer. Il est plus facile d'enfiler les ingrédients sur les branches si vous percez d'abord les divers ingrédients avec une brochette en bambou.

- Allumer le barbecue à feu moyen-élevé. Faire tremper 4 brochettes en bois dans l'eau pendant 30 min.
- Décortiquer et déveiner les crevettes, en conservant la tête et la queue intactes, si possible.
- Envelopper chacune des crevettes de la moitié d'une tranche de pancetta. Enfiler 4 crevettes sur chacune des 4 brochettes, en plaçant des tranches de courgette en alternance. Badigeonner d'huile, puis saler et poivrer. Déposer les brochettes sur le barbecue et les faire griller pendant environ 2 min de chaque côté, en les retournant une fois, jusqu'à ce que les crevettes soient roses et fermes.
Servir immédiatement.

LES PANINIS

Panini au fromage de chèvre, au salami et aux olives

4 portions

PRÉPARATION

Choisissez un salami doux qui ne masquera pas le goût délicat du fromage de chèvre.

- Dans un petit bol, mettre le salami, les olives et les tomates. Y verser un filet de vinaigre et d'huile d'olive. Saler et poivrer. Bien mélanger.
- Étendre le fromage de chèvre sur chacune des tranches de pain. Ajouter le mélange de salami et une feuille de laitue, fermer les sandwiches, puis servir immédiatement.

INGRÉDIENTS

- 85 g (3 oz) de salami en tranches fines
- 70 g ($1/2$ tasse) d'olives noires dans l'huile, dénoyautées et grossièrement hachées
- 12 tomates cerises, coupées en 2
- 2 c. à soupe de vinaigre de vin rouge
- 2 c. à soupe d'huile d'olive extra-vierge
- Sel et poivre noir fraîchement moulu, au goût
- 115 g (4 oz) de fromage de chèvre frais, à la température de la pièce
- 8 tranches de pain de campagne
- 4 feuilles de laitue à feuilles rouges

Focaccia grillée à la coppa et au provolone

4 portions

INGRÉDIENTS

- 4 focaccias d'environ 26 cm^2 (4 po^2) chacune, coupées en 2, à l'horizontale
- Huile d'olive extra-vierge pour badigeonner
- 8 fines tranches de coppa ou de salami, au choix
- 8 tranches de fromage provolone

PRÉPARATION

Les Italiens raffolent de ce sandwich savoureux fait de minces tranches de viande et de fromage.

- Badigeonner légèrement d'huile d'olive les côtés coupés des focaccias. Déposer la moitié des focaccias sur un plan de travail, puis garnir chaque morceau de 2 tranches de coppa et de 2 tranches de provolone. Faire griller, côté fromage vers le haut, au four à ***broil,*** sur un gril ou dans un four grille-pain jusqu'à ce que le fromage soit légèrement fondu. Déposer la partie supérieure de la focaccia sur le fromage, puis servir immédiatement.

NOTE : La coppa est de la longe de porc macérée et séchée.

Soupe de pâtes aux pois chiches et à la pancetta

INGRÉDIENTS

- 200 g (1 tasse) de pois chiches secs
- 2 gousses d'ail
- 7 brins de romarin
- 3 c. à soupe d'huile d'olive extra-vierge
- 85 g (3 oz) de pancetta coupée en dés
- 1 oignon finement haché
- 1 carotte pelée et finement hachée
- 1 branche de céleri finement hachée
- 2 litres (8 tasses) de Bouillon de poulet (voir p. 110)
- 1 c. à soupe de persil italien frais, haché
- 170 g (6 oz) de petites pâtes en forme de tubes, au choix
- Sel et poivre noir fraîchement moulu, au goût

PRÉPARATION

6 portions

Voici une soupe d'hiver traditionnelle qui est parfois faite avec des haricots cannellini ou borlotti. En italien, les pois chiches se nomment ceci. *Dans cette recette, les pois chiches en conserve sont parfaits, ils ajoutent à ce plat une saveur de noisette et lui donnent une bonne texture.*

- Trier les pois chiches secs, puis les rincer. Dans un bol, mettre les pois chiches, l'ail et l'un des brins de romarin. Ajouter de l'eau pour couvrir et laisser tremper toute la nuit. Égoutter les pois chiches et réserver l'ail et le romarin.
- Dans une grande casserole à fond épais, chauffer l'huile d'olive à feu moyen. Ajouter la pancetta, l'oignon, la carotte et le céleri, puis les faire sauter de 6 à 8 min jusqu'à ce qu'ils soient bien dorés.
- Ajouter le bouillon, égoutter les pois chiches et réserver l'ail et le romarin. Porter à ébullition, puis baisser à feu doux. Ajouter le persil et cuire, sans couvercle, de 1 h 30 à 2 h ou jusqu'à ce que les pois chiches soient tendres. Ajouter les pâtes et cuire de 8 à 10 min ou jusqu'à ce que les pâtes soient al dente.
- Jeter le romarin, puis saler et poivrer. Verser la soupe dans des bols chauds et garnir des brins de romarin qui restent.

Cannellonis au veau et à la pancetta garnis de sauce blanche

6 portions

PRÉPARATION

Vous pouvez faire ces cannellonis la veille. Doublez la recette et faites-en congeler la moitié, vous aurez ainsi un repas vite fait pour une autre occasion.

LA GARNITURE

• Mettre le veau dans un robot culinaire et faire fonctionner l'appareil jusqu'à ce que le veau soit haché très fin. Dans une grande sauteuse, chauffer l'huile d'olive à feu moyen. Ajouter la pancetta, la carotte, le céleri et l'oignon. Cuire de 8 à 10 min jusqu'à ce qu'ils soient bien dorés. Ajouter le veau et cuire de 4 à 5 min ou jusqu'à ce que la viande ne soit plus rosée. Laisser refroidir.

LE PESTO

• Mettre l'ail dans l'appareil pendant que le robot culinaire est en marche. Ajouter le basilic et les pignons, puis mélanger jusqu'à l'obtention d'une texture grossière. Pendant que l'appareil fonctionne, ajouter graduellement l'huile d'olive pour former une pâte onctueuse. Incorporer le fromage à la main.

INGRÉDIENTS

LA GARNITURE

- 340 g (12 oz) de veau désossé
- 2 c. à soupe d'huile d'olive extra-vierge
- 85 g (3 oz) de pancetta finement hachée
- 1 carotte pelée et finement hachée
- 1 branche de céleri finement hachée
- 1 oignon finement haché

LE PESTO

- 2 gousses d'ail
- 45 g (1 tasse) de basilic frais non tassé
- 40 (1/4 tasse) de pignons grillés (voir p. 112)
- 60 ml (1/4 tasse) d'huile d'olive extra-vierge
- 30 g (1/4 tasse) de fromage Parmigiano-Reggiano râpé

INGRÉDIENTS

LA SAUCE BLANCHE

- 2 c. à soupe d'huile d'olive extra-vierge
- 40 g (¼ tasse) d'oignon finement haché
- 3 c. à soupe de farine tout usage
- 750 ml (3 tasses) de lait tiède

LES CANNELLONIS

- Sel de mer et poivre noir fraîchement moulu, au goût
- Une recette de Préparation pour faire les pâtes (voir p. 111)
- 30 g (¼ tasse) de fromage Parmigiano-Reggiano râpé

PRÉPARATION

LA SAUCE BLANCHE

• Dans une sauteuse, chauffer l'huile d'olive à feu moyen-élevé. Ajouter l'oignon, puis le faire sauter de 3 à 4 min ou jusqu'à ce qu'il soit tendre sans être doré. Baisser à feu doux, puis ajouter la farine. Cuire pendant 3 min en brassant sans arrêt. Ajouter le lait et faire mijoter de 3 à 4 min, en brassant sans arrêt, jusqu'à ce que la sauce épaississe. Incorporer le pesto, puis saler et poivrer. Ajouter 250 ml (1 tasse) de sauce blanche au mélange de viande et réserver.

LES CANNELLONIS

• À l'aide d'une machine pour faire les pâtes, abaisser la pâte en réglant les rouleaux pour que la pâte soit fine (au 2e réglage pour les pâtes fines). Couper les lisières de pâte en 20 rectangles de 7,5 x 10 cm (3 x 4 po), puis les réserver sur un plan de travail légèrement enfariné. Dans une grande marmite d'eau bouillante salée, cuire les pâtes jusqu'à ce qu'elles soient al dente. Ne pas trop les cuire. Les transférer ensuite dans un grand bol d'eau froide. Les égoutter, puis les déposer sur un linge à vaisselle propre jusqu'au moment de l'utilisation.

• Préchauffer le four à 200 °C (400 °F). Badigeonner légèrement d'huile un plat allant au four de 23 x 33 cm (9 x 13 po). Verser une fine couche de sauce blanche au fond du plat.

• Déposer 2 ou 3 grosses cuillerées du mélange de viande sur le côté le plus long de l'un des rectangles de pâte. Rouler le rectangle pour former un cylindre, puis le placer dans le plat allant au four, la couture vers le bas. Répéter l'opération jusqu'à ce qu'il ne reste plus de pâte ni de viande en disposant les rouleaux les uns à côté des autres, dans le plat. Couvrir les rouleaux du reste de la sauce blanche. Parsemer de fromage parmesan et cuire de 20 à 25 min ou jusqu'à ce que le fromage soit légèrement doré. Servir aussitôt.

Salade de fenouil et de salami au fenouil

4 portions

PRÉPARATION

Les graines de fenouil contenues dans le finocchiona *se marient évidemment bien au fenouil frais. Conservez une partie des feuilles du fenouil frais et émincez-les pour la garniture. Si vous parvenez à trouver de la nigelle, c'est un bon condiment pour cette salade. Parsemez-en la salade juste avant de servir.*

- 1 gros bulbe de fenouil paré et coupé en tranches fines
- 115 g (4 oz) de salami finocchiona ou d'un autre type de salami, coupé en dés
- 2 c. à soupe de vinaigre de vin rouge
- 60 ml (¼ tasse) d'huile d'olive extra-vierge
- Sel et poivre noir fraîchement moulu, au goût
- 4 feuilles de laitue pommée

• Dans un bol, mettre le fenouil et le salami. Verser le vinaigre dans un autre bol, puis y incorporer graduellement l'huile d'olive en fouettant. Saler et poivrer. Verser la vinaigrette en filet sur le salami et le fenouil. Bien mélanger. Déposer une feuille de laitue dans chaque assiette de service, puis garnir chacune des assiettes du mélange de salami et de fenouil. Servir immédiatement.

NOTE : Le salami *finocchiona* est un salami de type toscan qui contient des graines de fenouil.

Salade de radicchio, de salami épicé et de tomates séchées

INGRÉDIENTS

- 2 c. à soupe de jus de citron fraîchement pressé
- 3 gousses d'ail émincées
- 125 ml (½ tasse) d'huile d'olive extra-vierge
- Sel et poivre noir fraîchement moulu, au goût
- 60 g (2 oz) de salami épicé, coupé en dés
- 8 tomates séchées conservées dans l'huile, égouttées et coupées en julienne
- Les feuilles de 4 radicchios déchirées en petits morceaux
- 85 g (3 oz) de fromage Parmigiano-Reggiano râpé à l'aide d'un épluche-légumes

PRÉPARATION

4 portions

Cette salade d'hiver saura vous réchauffer. Pour obtenir une salade rafraîchissante, remplacez les tomates par des poires coupées en dés.

- Dans un saladier, fouetter le jus de citron et l'ail. Incorporer graduellement l'huile d'olive. Saler et poivrer. Ajouter le salami et les tomates séchées. Bien mélanger. Ajouter le radicchio et brasser pour qu'il soit bien couvert de vinaigrette. Parsemer la salade de parmesan et servir immédiatement.

Ragoût de salami, de pancetta et de haricots cannellini

6 portions

PRÉPARATION

Ce succulent plat d'hiver se congèle bien, et vous pouvez le garder en réserve pour les jours où vous avez l'impression d'habiter le Pôle Nord. Pour conjurer le sort, il suffit alors de réchauffer ce plat.

- Rincer les haricots et les trier. Les couvrir d'eau, puis les laisser tremper toute la nuit.
- Dans une marmite, chauffer 3 c. à soupe d'huile d'olive à feu moyen-élevé. Ajouter la pancetta, l'oignon, la carotte et le céleri, puis les faire sauter de 6 à 8 min ou jusqu'à ce qu'ils soient légèrement dorés. Ajouter le bouillon et porter à ébullition. Égoutter les haricots, puis les mettre dans la marmite. Baisser à feu doux, couvrir et laisser mijoter pendant 1 h 30.
- Préchauffer le four à 200 °C (400 °F). Dans une grosse cocotte en métal ou dans une casserole allant au four, mettre les saucisses, l'oignon rouge, les pommes de terre, les champignons, l'ail et le reste de l'huile d'olive. Brasser pour que tout soit bien mélangé, puis parsemer de sel de mer. Mettre au four et cuire 45 min ou jusqu'à ce que les saucisses et les légumes soient bien dorés.
- Retirer la casserole du four et la placer sur la cuisinière, à feu élevé. Ajouter le vin, puis racler le fond pour détacher les parcelles qui y ont adhéré pendant la cuisson. Cuire de 6 à 8 min ou jusqu'à ce que le vin soit presque complètement évaporé. Baisser à feu doux. Ajouter les haricots cuits et leur jus de cuisson, le salami, les tomates séchées et le thym. Laisser mijoter encore de 25 à 30 min ou jusqu'à ce que les haricots soient tendres. Saler et poivrer. Verser dans des bols chauds et servir immédiatement.

INGRÉDIENTS

- 210 g (1 tasse) de haricots cannellini secs
- 6 c. à soupe d'huile d'olive extra-vierge, au total
- 60 g (2 oz) de pancetta coupée en dés
- 1 oignon haché
- 1 carotte pelée et hachée
- 1 branche de céleri hachée
- 1 litre (4 tasses) de Bouillon de veau ou de bœuf (voir p. 110)
- 3 saucisses fraîches, coupées en morceaux de 2,5 cm (1 po)
- 1 oignon rouge, coupé en morceaux de 2,5 cm (1 po)
- 450 g (1 lb) de pommes de terre coupées en morceaux de 2,5 cm (1 po)
- 225 g (8 oz) de champignons portobellos, dont on a retiré les pieds et qu'on a coupé en quartiers
- 10 gousses d'ail
- 1 c. à soupe de gros sel de mer
- 250 ml (1 tasse) de vin blanc sec
- 115 g (4 oz) de salami coupé en dés
- 30 g (½ tasse) de tomates séchées conservées dans l'huile
- 1 c. à café (1 c. à thé) de thym frais, haché
- Sel et poivre noir fraîchement moulu, au goût

Frittata de pancetta et de légumes grillés

4 portions

PRÉPARATION

Du salami coupé en dés pourrait constituer un bon ajout à cette frittata. Faites ce plat à l'avance, si le cœur vous en dit, et servez-le à la température de la pièce.

- Allumer le barbecue.
- Badigeonner l'aubergine, le poivron et la courgette d'huile d'olive. Saler et poivrer. Les déposer sur la grille et cuire de 3 à 4 min de chaque côté ou jusqu'à ce qu'ils soient légèrement dorés, en les retournant une fois. Les mettre ensuite dans un plat de service et laisser refroidir.
- Préchauffer le four à 220 °C (425 °F). Chauffer une sauteuse antiadhésive à feu moyen. Ajouter la pancetta et la faire sauter de 5 à 7 min ou jusqu'à ce qu'elle soit croustillante. À l'aide de pinces, la mettre sur du papier essuie-tout pour qu'elle puisse s'égoutter.
- Couper les légumes grillés en petits morceaux. Dans un bol, mettre les légumes, les œufs, le persil et le fromage. Bien mélanger.
- Ajouter 3 c. à soupe d'huile d'olive dans la même sauteuse et chauffer à feu moyen. Verser le mélange d'œufs dans la sauteuse et cuire de 3 à 4 min jusqu'à ce que les œufs commencent à peine à prendre en ramenant les côtés vers le centre et en inclinant la sauteuse pour permettre aux œufs qui ne sont pas cuits de glisser au fond de la sauteuse. Baisser à feu doux, couvrir et cuire de 6 à 8 min jusqu'à ce qu'un couteau inséré au milieu de la frittata en ressorte propre. Renverser la frittata sur un plat de service et la couper en pointes. Servir immédiatement, garni de pancetta croustillante.

INGRÉDIENTS

- 1 aubergine japonaise ou 1 aubergine ordinaire coupée en 4 dans le sens de la longueur
- 1 poivron rouge épépiné, dont on a retiré les nervures blanchâtres, coupé en 8
- 1 courgette coupée en 4 dans le sens de la longueur
- Huile d'olive extra-vierge pour badigeonner
- Sel et poivre noir fraîchement moulu, au goût
- 60 g (2 oz) de pancetta, en tranches fines
- 6 œufs légèrement battus
- 1 c. à soupe de persil italien frais, haché
- 30 g (¼ tasse) de fromage Parmigiano-Reggiano râpé
- 3 c. à soupe d'huile d'olive extra-vierge

INGRÉDIENTS

- Huile pour badigeonner
- 2 c. à soupe d'huile d'olive extra-vierge
- 4 gousses d'ail émincées
- 225 g (8 oz) de champignons de Paris, en tranches
- 1 aubergine pelée et coupée en morceaux de 0,5 cm (1/4 po)
- 2 c. à soupe de persil italien frais, haché
- Sel et poivre noir fraîchement moulu, au goût
- 115 g (4 oz) de salami coupé en dés
- 1,12 litre (4 1/2 tasses) de Bouillon de poulet (voir p. 110)
- 260 g (1 1/2 tasse) de farine de maïs

PRÉPARATION

Polenta aux légumes et au salami

4 portions

Vous pouvez créer vos propres mélanges d'assaisonnements pour la polenta. Si vous y ajoutez des restes de légumes grillés et des saucisses, c'est également délicieux. La polenta se sert chaude ou froide. Quand elle a refroidi, coupez-la en carrés, puis faites-la griller ou réchauffez-la au four.

- Préchauffer le four à 190 °C (375 °F). Badigeonner légèrement d'huile une tôle à biscuits.
- Dans une sauteuse à fond épais, chauffer l'huile à feu moyen-élevé. Ajouter l'ail et le faire sauter de 2 à 3 min ou jusqu'à ce qu'il soit tendre sans être doré. Ajouter les champignons et l'aubergine et cuire de 6 à 8 min jusqu'à ce que le liquide soit évaporé, en brassant de temps en temps. Ajouter le persil, puis saler et poivrer. Incorporer le salami et retirer du feu.
- Dans une grande casserole à fond épais, porter le bouillon à ébullition à feu moyen-élevé. Ajouter graduellement la farine de maïs en un filet continu, en fouettant sans arrêt. Baisser à feu moyen et poursuivre la cuisson pendant environ 20 min ou jusqu'à ce que la polenta se détache facilement des côtés de la casserole, en brassant sans arrêt. Incorporer le mélange de salami.
- Mettre la polenta sur la tôle à biscuits, l'étendre uniformément, puis égaliser le dessus. Cuire la polenta au four pendant 15 min ou jusqu'à ce qu'elle soit bien cuite. La retirer du four et la couper en carrés pour servir.

Pizza au prosciutto, aux figues et à l'ail

Donne 6 pizzas de 20 cm (8 po)

PRÉPARATION

Il ne peut y avoir plus merveilleuse combinaison que des figues, de l'ail grillé et du prosciutto.

LA PÂTE À PIZZA

- 1 enveloppe de levure sèche active
- 2 c. à soupe de sucre
- 375 ml (1 ½ tasse) d'eau tiède à une température de 40 à 45 °C (105 à 115 °F), au total
- 455 g (3 ½ tasses) de farine tout usage, non blanchie
- 75 g (½ tasse) de semoule de blé tendre
- 1 c. à soupe de sel
- 3 c. à soupe d'huile d'olive extra-vierge

LA PÂTE À PIZZA

• Dans un bol, dissoudre la levure et le sucre dans 125 ml (½ tasse) d'eau tiède. Laisser reposer jusqu'à ce que le mélange devienne mousseux, soit environ 10 min. Dans le bol d'un batteur électrique résistant muni d'un crochet pétrisseur, mettre la farine tout usage, la semoule de blé tendre et le sel. Pendant que l'appareil fonctionne, ajouter le mélange de levure et l'huile, puis ajouter graduellement les derniers 250 ml (1 tasse) d'eau. Pétrir pendant 10 min ou jusqu'à ce que la pâte soit homogène et élastique.

• Mettre la pâte sur un plan de travail légèrement enfariné. Pétrir la pâte pour former une boule, puis la déposer dans un bol badigeonné d'huile. Retourner la pâte pour bien l'enduire d'huile, la couvrir puis la laisser gonfler dans un endroit chaud, à l'abri des courants d'air pendant 1 h ou jusqu'à ce qu'elle ait doublé de volume.

• Dégonfler la pâte en y enfonçant un poing pour qu'une partie du gaz puisse se libérer, puis la séparer en 6 morceaux. Façonner chacun des morceaux en boule. Couvrir les boules de pâte d'un linge humide et les laisser gonfler pendant 45 min jusqu'à ce qu'elles aient doublé de volume.

• Si on a une pierre à pizza, la placer dans le four et préchauffer le four à 260 °C (500 °F), sinon, préchauffer le four seulement.

LA GARNITURE À PIZZA

• Badigeonner d'huile un plat à rôtir. Avec la pointe d'un petit couteau, faire des incisions au milieu de chaque bulbe d'ail, tout autour, mais ne pas les séparer en gousses. Enlever la moitié supérieure de la fine membrane pour que l'on puisse voir les gousses. Mettre les bulbes dans le plat à rôtir, puis verser 2 c. à soupe d'huile d'olive sur chacun des bulbes. Saler, poivrer, puis couvrir et cuire au four pendant 20 min ou jusqu'à ce que les gousses soient tendres. Retirer du four en laissant les bulbes couverts, puis laisser refroidir à la température de la pièce.

INGRÉDIENTS

LA GARNITURE À PIZZA

- 2 bulbes d'ail
- 4 c. à soupe d'huile d'olive extra-vierge
- Sel et poivre noir fraîchement moulu, au goût
- 120 g (1 tasse) de mozzarella râpée
- 6 figues mûres mais fermes, coupées en 4 dans le sens de la longueur
- 12 tranches de prosciutto coupées en lanières de 1,2 cm (½ po) de largeur

PRÉPARATION

Presser la chair des gousses, puis la mettre dans l'huile d'olive qui reste dans le plat.

- Abaisser chaque boule de pâte en un cercle de 20 cm (8 po) de diamètre et de 0,5 cm (¼ po) d'épaisseur. Pour garnir la pizza, déposer chaque cercle sur une palette à pizza enfarinée. Badigeonner la pâte d'un peu d'huile d'olive provenant de l'ail grillé. Parsemer la pâte de mozzarella, de figues et d'ail grillé en étendant les ingrédients pour couvrir la surface, mais en laissant 1,2 cm (½ po) libre tout autour de la pizza.
- Glisser les pizzas sur la pierre à pizza ou tout simplement au four et cuire de 4 à 5 min ou jusqu'à ce qu'elles soient bien dorées. Retirer du four, ajouter le prosciutto, puis servir immédiatement.

Longe de porc et sa robe de pancetta

6 portions

En plus d'ajouter de la saveur, le fait d'envelopper la viande de pancetta aide à attendrir la viande et à conserver les coupes maigres juteuses.

INGRÉDIENTS

- Huile d'olive pour badigeonner
- 1 rôti de longe de porc d'environ 900 g (2 lb), désossé et paré
- Sel et poivre noir fraîchement moulu, au goût
- 85 g (3 oz) de pancetta en tranches fines
- 2 pommes Granny Smith ou reinettes pelées, évidées et râpées
- 1 gousse d'ail en tranches fines
- 1 c. à café (1 c. à thé) de sauge fraîche, hachée
- 6 c. à soupe d'huile d'olive extra-vierge
- 250 ml (1 tasse) de vin blanc sec
- 900 g (2 lb) de pommes de terre coupées en 4

PRÉPARATION

- Préchauffer le four à 200 °C (400 °F). Badigeonner légèrement d'huile un plat à rôtir.
- Couper le rôti en 2 dans le sens de la longueur, mais ne pas le couper complètement, on doit pouvoir l'ouvrir comme un livre. L'attendrir légèrement avec un attendrisseur en bois à une épaisseur uniforme d'environ 2,5 cm (1 po). Saler et poivrer.
- Déposer la moitié de la pancetta sur le porc en une mince couche. Garnir d'une couche de pommes, puis parsemer d'ail et de sauge. Replier la viande sur la farce. Couvrir la longe du reste de la pancetta, la couture particulièrement. Attacher ensuite le rôti avec une ficelle de cuisine à des intervalles de 5 cm (2 po).
- Dans un grand plat à rôtir, chauffer 4 c. à soupe d'huile d'olive à feu moyen. Ajouter la longe et cuire de 4 à 6 min, jusqu'à ce qu'elle soit dorée de tous les côtés, en la retournant. Verser le vin, puis racler le fond du poêlon pour détacher les parcelles qui y ont adhéré pendant la cuisson. Cuire de 6 à 8 min ou jusqu'à ce que le liquide soit évaporé.
- Ajouter les pommes de terre au plat à rôtir. Verser les 2 c. à soupe d'huile d'olive qui restent sur le rôti et les pommes de terre. Mettre le rôti au four, le côté où il y a de la pancetta en dessous, et cuire de 35 à 45 min ou jusqu'à ce qu'un thermomètre à lecture instantanée inséré au milieu de la longe indique 160 °C (325 °F). Transférer la viande sur une planche à découper et la laisser reposer pendant 5 min. La trancher en diagonale, puis disposer les tranches sur un plat de service chaud avec les pommes de terre.

Saltimbocca

4 portions

INGRÉDIENTS

- 4 escalopes de veau, soit environ 570 g (1 ¼ lb) au total
- 8 fines tranches de prosciutto
- 8 feuilles de sauge fraîche
- 3 c. à soupe d'huile d'olive extra-vierge
- 1 gousse d'ail émincée
- 450 g (1 lb) d'épinards dont on a retiré les queues, lavés et hachés
- Sel et poivre noir fraîchement moulu, au goût
- 3 c. à soupe de beurre non salé
- Le jus de 1 citron

PRÉPARATION

Voici un plat traditionnel que l'on sert à Rome. Quand on a eu une longue journée de travail, il a l'avantage de se préparer très rapidement. Le mot saltimbocca *signifie saute en bouche, ce qui fait référence aux saveurs vives de ce plat.*

- À l'aide d'un rouleau à pâtisserie, étendre le veau en l'aplatissant entre 2 morceaux de papier sulfurisé jusqu'à ce qu'il ait une épaisseur uniforme de 0,3 cm (⅛ po). Couper chaque morceau en 2.
- Déposer une tranche de prosciutto sur chacune des escalopes de veau. Garnir chaque escalope d'une feuille de sauge et fixer le tout avec un cure-dent.
- Dans une grande sauteuse à fond épais, chauffer l'huile d'olive à feu moyen-élevé. Ajouter l'ail et le faire sauter pendant environ 2 min ou jusqu'à ce qu'il soit tendre sans être doré. Ajouter les épinards et les faire sauter de 5 à 7 min jusqu'à ce que tout le liquide soit évaporé. Saler et poivrer. Transférer sur un plat de service chaud et garder au chaud.
- Dans une autre grande sauteuse à fond épais, faire fondre le beurre à feu moyen jusqu'à ce qu'il mousse. Ajouter le veau et cuire pendant environ 1 min de chaque côté jusqu'à ce qu'il soit doré, en le retournant délicatement une fois. Verser le jus de citron dans la sauteuse, puis racler le fond du poêlon pour détacher les parcelles qui y ont adhéré pendant la cuisson. Saler et poivrer au goût, déposer le tout sur les épinards, verser le jus de cuisson de la sauteuse et servir immédiatement.

Poivrons farcis au riz et au salami

4 portions

Ce classique est généralement fait avec des poivrons verts. Mais si vous utilisez des poivrons rouges et des poivrons jaunes, l'assiette brillera de ses mille feux.

PRÉPARATION

- Cuire les demi-poivrons à la vapeur dans une marmite à vapeur couverte, au-dessus de l'eau bouillante, de 4 à 5 min jusqu'à ce qu'ils soient al dente. Les laisser refroidir.
- Préchauffer le four à 200 °C (400 °F).
- Dans une sauteuse à fond épais, chauffer l'huile d'olive à feu moyen-élevé. Ajouter l'oignon, la carotte et le céleri, puis les faire sauter de 4 à 6 min ou jusqu'à ce qu'ils soient dorés. Ajouter la sauce tomate, le riz, le persil, le basilic, l'origan et le thym. Baisser à feu doux et laisser mijoter de 15 à 20 min ou jusqu'à ce que la sauce ait épaissi, en brassant de temps en temps. Saler et poivrer. Incorporer le salami en conservant quelques morceaux pour la garniture.
- Badigeonner légèrement d'huile un plat allant au four de 23 x 33 cm (9 x 13 po). Déposer les poivrons dans le plat, le côté coupé vers le haut. Farcir les poivrons du mélange de riz. Parsemer de fromage parmesan et du salami réservé. Cuire au four de 15 à 20 min ou jusqu'à ce que le fromage soit bien doré. Servir immédiatement.

INGRÉDIENTS

- **2 gros poivrons rouges coupés en 2 en diagonale, épépinés, dont on a retiré les nervures blanchâtres**
- **2 gros poivrons jaunes coupés en 2 en diagonale, épépinés, dont on a retiré les nervures blanchâtres**
- **3 c. à soupe d'huile d'olive extra-vierge**
- **1 oignon grossièrement haché**
- **1 carotte pelée et grossièrement hachée**
- **1 branche de céleri grossièrement hachée**
- **125 ml (½ tasse) de sauce tomate**
- **390 g (2 tasses) de riz cuit**
- **1 c. à soupe de persil italien frais, haché**
- **1 c. à soupe de basilic frais, haché**
- **½ c. à café (½ c. à thé) d'origan frais, haché**
- **½ c. à café (½ c. à thé) de thym frais, haché**
- **Sel et poivre noir fraîchement moulu, au goût**
- **85 g (3 oz) de salami épicé, coupé en dés**
- **Huile pour badigeonner**
- **30 g (¼ tasse) de fromage Parmigiano-Reggiano râpé**

MOLINARI
EST.
1896
& SONS
TRADE
MARK
FINOCCHIONA
SAN FRANCISCO

Les recettes de base

BOUILLON DE POULET

Donne 5 litres (20 tasses)

1 poulet de 1,3 kg (3 lb) coupé en morceaux
1 carotte pelée et coupée en morceaux de 1,2 cm (½ po)
1 branche de céleri coupée en morceaux de 1,2 cm (½ po)
1 oignon coupé en morceaux de 1,2 cm (½ po)
1 bouquet garni : 1 brin de persil frais, 1 brin de thym frais,
1 feuille de laurier et 4 à 5 grains de poivre noir
3,8 litres (15 tasses) d'eau

- Mettre tous les ingrédients dans une marmite qui n'est pas en aluminium, puis porter à ébullition. Baisser à feu doux, puis écumer le bouillon. Laisser mijoter pendant 2 h, en écumant de temps en temps. Laisser refroidir.
- Filtrer le bouillon et le placer au réfrigérateur pendant toute la nuit. Retirer le gras et le jeter. Conserver au réfrigérateur jusqu'à 3 jours ou au congélateur jusqu'à 3 mois.

NOTE : Le bouillon se congèle très bien. Congelez-le en portions de 500 ml ou de 1 litre (2 ou 4 tasses) pour l'utiliser ensuite dans vos soupes ou vos sauces.

BOUILLON DE VEAU OU DE BŒUF

Donne 5 litres (20 tasses)

2,7 kg (6 lb) d'os de jarret de veau ou de bœuf, coupés en morceaux de 7,5 cm (3 po) de longueur
2 oignons coupés en morceaux de 2,5 cm (1 po)
Huile d'olive pour badigeonner
2 carottes pelées et coupées en morceaux de 2,5 cm (1 po)
1 branche de céleri coupée en morceaux de 2,5 cm (1 po)
1 bouquet garni : 1 brin de persil frais, 1 brin de thym frais,
1 feuille de laurier et 4 à 5 grains de poivre noir
10 litres (40 tasses) d'eau

- Préchauffer le four à 220 °C (425 °F). Mettre les os et les oignons dans un plat à rôtir légèrement badigeonné d'huile, puis les faire griller au four de 35 à 40 min jusqu'à ce qu'ils soient bien dorés, en les retournant à l'occasion.
- Dans une grande marmite qui n'est pas en aluminium, mettre les os, les oignons et tous les autres ingrédients, puis porter à ébullition. Baisser à feu moyen et faire mijoter, sans couvercle, pendant 3 h, en écumant le bouillon de temps en temps.
- Filtrer le bouillon dans un autre contenant, puis jeter les éléments solides. Laisser refroidir, couvrir et placer au réfrigérateur pendant toute la nuit. Retirer le gras figé. Conserver au réfrigérateur jusqu'à 3 jours ou au congélateur jusqu'à 3 mois.

NOTE : Le bouillon se congèle très bien. Congelez-le en portions de 500 ml ou de 1 litre (2 ou 4 tasses) pour l'utiliser ensuite dans vos soupes ou vos sauces.

PRÉPARATION POUR FAIRE LES PÂTES

Donne 450 g (1 lb) de pâte

390 g (3 tasses) de farine tout usage, non blanchie
4 œufs
1 c. à soupe d'huile d'olive extra-vierge

• Pour faire la pâte au robot culinaire : mettre la farine dans le robot. Dans un petit récipient comportant un bec verseur, fouetter les œufs et l'huile.

• Quand l'appareil est en marche, ajouter graduellement le mélange d'œufs à la farine jusqu'à ce que la pâte commence à se détacher des côtés du bol. Mélanger pendant 30 secondes, puis vérifier la consistance : la pâte doit être assez humide pour que les éléments adhèrent bien ensemble, mais elle ne doit pas être collante. Continuer à verser le mélange d'œufs jusqu'à la consistance désirée. Sur une surface légèrement enfarinée, pétrir la pâte pour former une boule. La mettre ensuite dans un sac en plastique à fermeture hermétique et la laisser reposer pendant au moins 15 min.

• Abaisser un quart de la pâte à la fois, en laissant le reste dans le sac pour éviter qu'elle ne sèche. À l'aide d'une machine à pâte manuelle, régler les rouleaux pour que la pâte soit aussi épaisse que possible au début. Passer la pâte de 8 à 10 fois dans la machine, en la pliant en 2 chaque fois, jusqu'à ce qu'elle soit lisse. Continuer à passer la pâte entre les rouleaux sans la plier, en réglant les rouleaux pour que la pâte soit plus fine chaque fois jusqu'à ce qu'elle soit semi-transparente et très mince. Couper les lisières de pâte selon la forme désirée.

NOTE : Pour faire la pâte manuellement – c'est-à-dire sans robot ni machine à pâtes –, faire un petit monticule de farine sur un plan de travail. Disposer la farine en fontaine, puis mettre les œufs et l'huile au centre. À l'aide d'une fourchette, incorporer graduellement le mélange d'œufs à la farine. Pétrir la pâte avec les mains pendant 10 à 15 min ou jusqu'à ce qu'elle soit lisse et élastique.

Quelques trucs

COMMENT FAIRE GRILLER LES PIGNONS

Préchauffer le four à 180 °C (350 °F). Placer les pignons sur une tôle à biscuits sans matières grasses et les faire griller au four de 5 à 7 min ou jusqu'à ce qu'ils soient dorés et qu'une bonne odeur s'en dégage.

COMMENT PELER ET ÉPÉPINER LES TOMATES

Retirer la queue de chaque tomate. Plonger les tomates dans une marmite d'eau bouillante pendant 30 secondes, puis les mettre immédiatement dans de l'eau glacée pour interrompre la cuisson. Dégager alors la peau qui glissera dans les mains. Pour épépiner les tomates, les couper en 2, puis les presser pour en retirer les graines.

COMMENT FAIRE GRILLER LES POIVRONS ET LES PELER

Faire griller les poivrons entiers au barbecue ou les déposer sur une tôle à biscuits et les faire griller au four à *broil*. Retourner les poivrons souvent jusqu'à ce qu'ils soient presque carbonisés de tous les côtés. Les mettre ensuite dans un sac en papier brun pour que la vapeur puisse s'y échapper, puis les laisser refroidir pendant environ 5 min. À l'aide d'un couteau bien aiguisé, peler les poivrons en enlevant la peau noircie. Retirer la tige et les graines avant de les couper selon les indications de la recette.

COMMENT FAIRE LA PÂTE À LA MAIN

Dans un grand bol, mettre la farine et le sel. À l'aide d'un coupe-pâte, couper les morceaux de beurre dans les ingrédients secs jusqu'à l'obtention d'une texture grossière. Incorporer graduellement assez d'eau pour que les éléments de la pâte adhèrent ensemble. Mettre la pâte sur un plan de travail légèrement enfariné, puis la pétrir seulement jusqu'à ce qu'elle soit lisse. L'envelopper dans une pellicule plastique et l'aplatir en un cercle. Placer au réfrigérateur pendant au moins 1 h.

Les adresses à découvrir

LES PRODUCTEURS, LES CONSORTIUMS ET AUTRES BONNES ADRESSES

AGRITURISMO POGGIO ETRUSCO IN TUSCANY

Montepulciano (Sienne) Italie
www.foodartisans.com
Location de chambres dans la ferme de l'auteur.

ANTICA CORTE PALLAVICINA AND RISTORANTE

Al Cavallino Bianco
Via Sbrisi, 2
Polesine Parmense (Parma)
Tél. : (011-39) 0524-96136
Téléc. : (011-39) 0524-96416
www.acpallavicina.com
Producteur du ***culatello di Zibello***.
En plus, vous trouverez sur place un excellent restaurant et vous pourrez faire une visite de la ferme.

ITALIAN FOOD ARTISANS

Tél. : (805) 963-7289
www.foodartisans.com
Pendant toute la semaine, différents ateliers de cuisine vous sont offerts dans plusieurs régions d'Italie.

MADE IN ITALY

www.madeinitaly.com
Vous vous demandez si vos produits ont vraiment été fabriqués en Italie ou s'il s'agit de contrefaçons. Sur ce site, vous pouvez le vérifier, il suffit d'y entrer le code.

PROSCIUTTO DI PARMA

www.parmaham.com
Voici le site officiel du consortium du ***prosciutto di Parma*** en langue anglaise.

PROSCIUTTO DI SAN DANIELE

www.prosciuttosandaniele.it
Voici le site officiel du consortium du ***prosciutto di San Daniele***.

Remerciements

Je veux d'abord remercier les membres de ma famille pour leur patience et leur appui. Je veux ensuite dire un gros merci à Jennifer Barry, qui est bien davantage qu'une collaboratrice. C'est une amie et une inspiratrice qui a non seulement conçu cet ouvrage, mais qui a aussi contribué, de plusieurs façons, à sa mise en forme.

Merci également à David Biltchik et à Sebastiano Brancoli, qui m'ont beaucoup aidée à comprendre les lois concernant l'importation des viandes.

J'ai aussi apprécié au plus haut point la collaboration des producteurs de salami qui m'ont ouvert leurs portes et qui ont partagé leur art avec moi : Raffaele Barbato et Giuliana Nese, Armandino Batali, Luigi Biggù, Vincenzo et Cesare Chini, ma chère amie Federica de Gori et sa famille, Nicola Ghersetich, Fausto Guadagni et Massimo Spigaroli. Merci aussi à Nano Morandi et à Laura Galli, de l'Hosteria Giusti ainsi qu'à Massimo Bottura de l'Osteria Francescana de Modène pour leur inspiration, dans la cuisine comme à table. Merci également aux maisons Antica Enoteca Becaria et Gastronomia Volpetti qui nous ont permis de prendre des photos extraordinaires.

Mille mercis à la photographe Joyce Oudkerk Pool et à Pouké Halpern, notre styliste alimentaire. C'est toujours un grand plaisir de travailler avec des gens aussi compétents.

Jennifer Barry Design tient aussi à remercier les personnes et les maisons suivantes, qui ont fourni les excellentes viandes utilisées pour faire photos de cet ouvrage : David Biltchik de Consultants International Group, à Washington, Ruth Lowenberg de Lewis and Neale Agency, à New York, Cheese Works West, à Berkeley, et Lou Mascola de Molinari's à San Francisco. Merci également aux assistants stylistes alimentaires et photographiques Terri Dien, Shana Lopes et Chris Hu pour leur aide aux photos des recettes.

Index

A

Asperges enveloppées de bresaola, 44

B

Bouillon de poulet, 110
Bouillon de veau ou de bœuf, 110
Bresaola hachée, 48
Bucatinis all'amatriciana, 77

C

Cannellonis au veau et à la pancetta garnis de sauce blanche, 74
Charcuteries traditionnelles, 39
Ciabatta garni de salami, d'artichaut et de romarin, 54
Comment faire griller les poivrons et les peler, 112
Comment faire griller les pignons, 112
Comment faire la pâte à la main, 112
Comment peler et épépiner les tomates, 112
Crêpe de pommes de terre et de pancetta, 45
Crevettes et courgettes grillées habillées de pancetta, 51

F

Focaccia grillée à la coppa et au provolone, 61
Frittata de pancetta et de légumes grillés, 100

G

Gratin de prosciutto au parmesan, 91

H

Haricots verts et pancetta, 87

L

Longe de porc et sa robe de pancetta, 104

P

Panini au fromage de chèvre, au salami et aux olives, 60
Pâte à pizza, 102
Pennes aux artichauts et au prosciutto, 76
Piadina au prosciutto et à la roquette, 62
Pizza au prosciutto, aux figues et à l'ail, 102
Pois verts au prosciutto, 87
Poivrons farcis au riz et au salami, 108
Polenta aux légumes et au salami, 101
Poulet farci à la saucisse et aux épinards, 107
Préparation pour faire les pâtes, 111
Prosciutto et mozzarella dans un petit pain aux graines de pavot, 65
Purée de prosciutto, 48

R

Ragoût de salami, de pancetta et de haricots cannellini, 96
Rapinis sautés accompagnés de pancetta, d'ail et de champignons, 88
Raviolis frits, 43
Risotto aux saucisses grillées, 78
Rouleaux de prosciutto farcis de fromage stracchino, 47

S

Salade de bresaola, de parmesan et de poire, 82
Salade de fenouil et de salami au fenouil, 84
Salade de radicchio, de salami épicé et de tomates séchées, 85
Salade tiède d'épeautre au salami et aux légumes du jardin, 70
Salami en julienne, 48
Saltimbocca, 105
Sandwich de pancetta croustillante, de tomate et de laitue, 58
Sandwich ouvert au bresaola, au gorgonzola et au radicchio, 57
Saucisses maison, 95
Soupe aux gourganes, à la pancetta et au poivron jaune, 69
Soupe de pâtes aux pois chiches et à la pancetta, 73

T

Tourelles de mozzarella, de tomate et de salami, 40
Tourte à l'oignon, à la saucisse et aux pommes, 99
Trois types de garnitures pour les croûtons, 48

INTRODUCTION 7

LES HORS-D'ŒUVRE 37

LES PANINIS 53

LES ENTRÉES 67

LES SALADES ET LES GARNITURES 81

LES PLATS PRINCIPAUX 93

LES RECETTES DE BASE 110

LES ADRESSES À DÉCOUVRIR 113

INDEX 117

Achevé d'imprimer au Canada
sur les presses des Imprimeries Transcontinental Inc.